U1016332

中华传统文化读物图解

刘伟 等编

WUHAN UNIVERSITY PRESS
武汉大学出版社

图书在版编目(CIP)数据

中华传统文化读物图解/刘伟等编 . —武汉：武汉大学出版社，2017.12(2020.12 重印)
ISBN 978-7-307-19666-7

Ⅰ.中… Ⅱ.刘… Ⅲ.中华文化—青少年读物 Ⅳ.K203-49

中国版本图书馆 CIP 数据核字(2017)第 218354 号

责任编辑:韩秋婷　　责任校对:汪欣怡　　版式设计:汪冰滢

出版发行：**武汉大学出版社**　(430072　武昌　珞珈山)
(电子邮箱：cbs22@ whu.edu.cn　网址：www.wdp. com.cn)
印刷：武汉中科兴业印务有限公司
开本:880×1230　1/32　印张:3.375　字数:80 千字
版次:2017 年 12 月第 1 版　2020 年 12 月第 5 次印刷
ISBN 978-7-307-19666-7　定价:18. 00 元

版权所有，不得翻印;凡购我社的图书，如有质量问题，请与当地图书销售部门联系调换。

习主席寄语

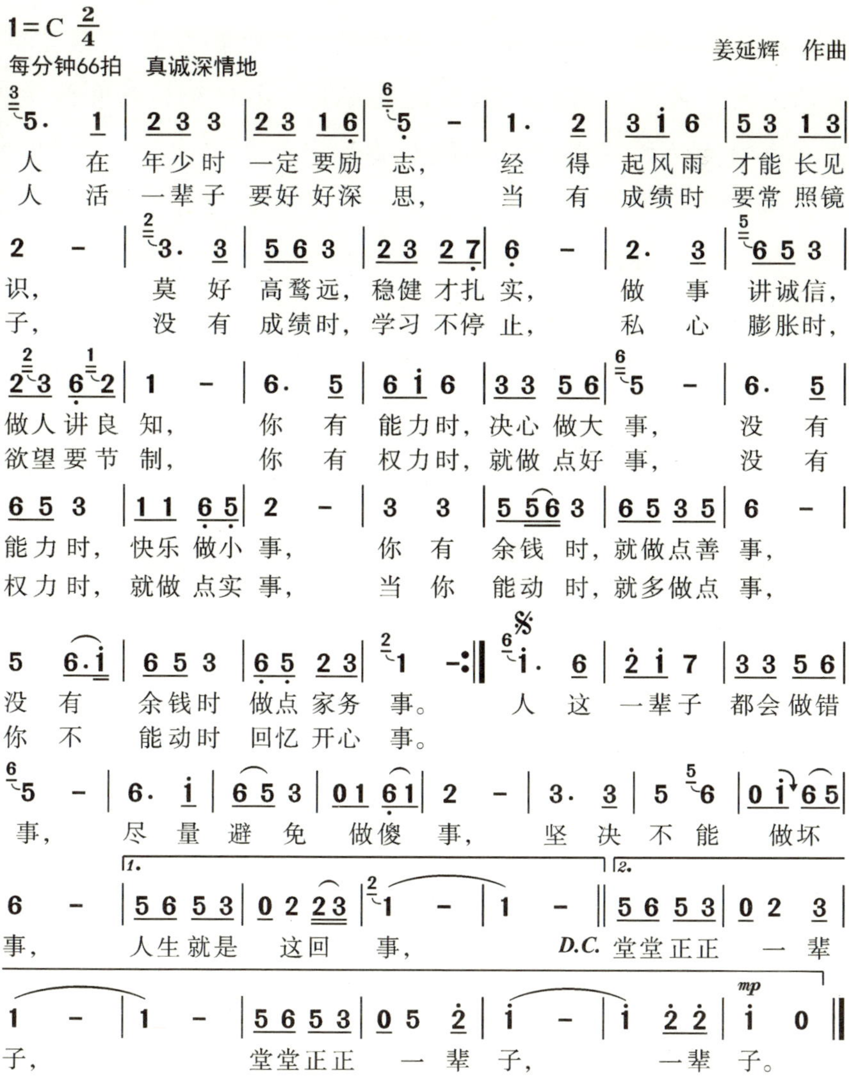
1=C 2/4
每分钟66拍 真诚深情地
姜延辉 作曲
人在年少时一定要励志，经得起风雨才能长见
人活一辈子要好好深思，当有成绩时要常照镜
识，莫好高骛远，稳健才扎实，做事讲诚信，
子，没有成绩时，学习不停止，私心膨胀时，
做人讲良知，你有能力时，决心做大事，没有
欲望要节制，你有权力时，就做点好事，没有
能力时，快乐做小事，你有余钱时，就做点善事，
权力时，就做点实事，当你能动时，就多做点事，
没有余钱时做点家务事。人这一辈子都会做错
你不能动时回忆开心事。
事，尽量避免做傻事，坚决不能做坏
事，人生就是这回事，D.C. 堂堂正正一辈
子，堂堂正正一辈子，一辈子。

中国人民正在为实现中华民族伟大复兴的中国梦而奋斗。实现中华民族伟大复兴的中国梦，就是要实现国家富强、民族振兴、人民幸福，既深深体现了今天中国人的理想，也深深反映了中国人自古以来不懈追求进步的光荣传统。

实现中国梦，是物质文明和精神文明均衡发展、相互促进的结果。没有文明的继承和发展，没有文化的弘扬和繁荣，就没有中国梦的实现。中华民族的先人们早就向往人们的物质生活充实无忧、道德境界充分升华的大同世界。中华文明历来把人的精神生活纳入人生和社会理想之中。所以，实现中国梦，是物质文明和精神文明比翼双飞的发展过程。随着中国经济社会不断发展，中华文明也必将顺应时代发展焕发出更加蓬勃的生命力。

摘自2014年3月27日《习近平在联合国教科文组织总部的演讲》

实现中国梦，是物质文明和精神文明均衡发展、相互促进的结果。没有文明的继承和发展，没有文化的弘扬和繁荣，就没有中国梦的实现。中华民族的先人们早就向往人们的物质生活充实无忧、道德境界充分升华的大同世界。中华文明历来把人的精神生活纳入人生和社会理想之中。所以，实现中国梦，是物质文明和精神文明比翼双飞的发展过程。随着中国经济社会不断发展，中华文明也必将顺应时代发展焕发出更加蓬勃的生命力。

摘自2014年3月27日《习近平在联合国教科文组织总部的演讲》

中华文明绵延数千年，有其独特的价值体系。中华优秀传统文化已经成为中华民族的基因，植根在中国人内心，潜移默化影响着中国人的思想方式和行为方式。今天，我们提倡和弘扬社会主义核心价值观，必须从中汲取丰富营养，否则就不会有生命力和影响力。

摘自 2014 年 5 月 4 日《习近平在北京大学师生座谈会上的讲话》

研究孔子、研究儒学，是认识中国人的民族特性、认识当今中国人精神世界历史来由的一个重要途径。春秋战国时期，儒家和法家、道家、墨家、农家、兵家等各个思想流派相互切磋、相互激荡，形成了百家争鸣的文化大观，丰富了当时中国人的精神世界。虽然后来儒家思想在中国思想文化领域长期取得了主导地位，但中国思想文化依然是多向多元发展的。这些思想文化体现着中华民族世世代代在生产生活中形成和传承的世界观、人生观、价值观、审美观等，其中最核心的内容已经成为中华民族最基本的文化基因。这些最基本的文化基因，是中华民族和中国人民在修齐治平、尊时守位、知常达变、开物成务、建功立业过程中逐渐形成的有别于其他民族的独特标识。

摘自 2014 年 9 月 24 日《习近平在纪念孔子诞辰 2565 周年国际学术研讨会暨国际儒学联合会第五届会员大会开幕会上的讲话》

大成至圣孔子先师

孔子简介

孔子（公元前551—公元前479年），名丘，字仲尼，春秋末期鲁国陬邑（今山东曲阜市东南）人。

孔子是我国古代著名的思想家、教育家、儒家学派创始人。相传有弟子三千，其中比较优秀的有七十二人，被称为“七十二贤”。孔子曾带领弟子周游列国14年。曾修《诗》《书》，定《礼》《乐》，序《周易》，作《春秋》，其学生将其思想言行记载在《论语》中。孔子的思想及学说对后世产生了极其深远的影响，古人云：“天不生仲尼，万古如长夜。”孔子思想绵延至今，并影响全世界。

通过孔子终生的倡导和历代的发展，中国儒家学说成为中华传统文化的主流，作为中国人的指导思想逾两千余年。孔子教导人们积极奉行“己欲立而立人，己欲达而达人”，“己所不欲，勿施于人”的忠恕之道，以建立正确的人生观和正确处理人与人之间的关系。孔子倡明“天人合一”之教，以善处人与自然的关系，他还阐述和弘扬了人不仅要“仁民”也要“爱物”的道理。由于孔子的卓越贡献和思想影响深远，他才被中国人尊为至圣先师、万世师表。

两千多年来，人们一直在孔子所提倡的“五伦十义”“五常八德”中，不断吸取着智慧的养分。在20世纪，人们对人自身问题进行深度思考与反省时，他的思想学说再次引起了各国专家学者们的注意。英国著名历史学家汤因比就提出：要解决21世纪的社会问题，只有孔孟学说和大乘佛法。

前　言

营造幸福人生，构建和谐社会，是每一个国家，每一个族群，每一个家庭，乃至每一个世人的追求。中国传统文化的精髓是国以人为本，人以德为本，德以孝为本。以人为本，首要的任务就是把人教育好。

《礼记·学记》曰："建国君民，教学为先。"中华文明五千多年的历史中，出现了许多的盛世，而盛世时代的出现都是深入贯彻"教学为先"的结果。

这本以教学为基础的《中华传统文化读物图解》，汇集了儒家经典《弟子规》《孝经》《朱子治家格言》、二十四孝故事等，融合现代常用礼仪、孝亲颂、尊师颂以及德音雅乐等。为倡导树立社会正知正见、正风正气注入正能量；为莘莘学子们指引正确的学习方法和方向，望认认真真地长时熏习啊！

《弟子规》共1080个字，包含113件事，是践行传统文化的理想教材，是人们接受圣贤教诲、成圣成贤的基础。《弟子规》是儒家文化的根，学了《弟子规》，也就初通了儒学经典的全貌。这里的"弟子"不是单指小孩子，每一位愿意学习圣贤教诲的学生，都可称为弟子；"规"是规范，我们遵守这样的规范，就能够让自己德日进、过日少。《三字经》中有一句话："为学者，必有初；小学终，至四书。"《小学》是教导孩子孝养父母，尊重长辈和生活中洒扫应对之礼的书籍，而《弟子规》是根据《小学》的纲领和最重要的内容编写而成的。其距离我们比较近，跟现实的生活也能够相对应，没有一句是做不到的，我们可以对照着《弟子规》的教诲一一力行，达到知行合一，学业定能大有所成。

《孝经》总共有1799个字，言高趣远，文丽旨深，文辞优美，表达深远，乃圣人心声，天地之德，道洽万国之心，泽周四海之内。德以孝为本，中华传统文化在某种意义上就是孝文化，孝门一开万福来，孝悌之至，通于神明，光于四海，无所不通。

《朱子治家格言》是以家庭道德为主的启蒙教材，仅522字精辟地阐明了“修身”“齐家”的宗旨，集儒家做人处世方法之大成，思想植根深厚，含义博大精深。

学习的态度是非常重要的。首先要“学贵立志”，要先立定志向才会有无穷的动力，去驱使我们不断前进。圣贤云“志不立，天下无可成之事”。其次要“学贵力行”，学习圣贤学问，不要担心现在才开始来不来得及，最重要的是学一句就做一句，句句落实。所谓解行相应，走字底“辶”，加一个首先的“首”，组成了“道”，这个字就告诉我们，真正有道德的人就是首先能够实践、能够做到的人。最后学习次序也是至关重要的，《大学》曰：物有本末，事有终始；知所先后，则近道矣。

《中华传统文化读物图解》诚为济世病之良药，化浊世之清风，明人心之慧日，实乃幸福人生必学的善书。它能令我们洞明一切问题的症结所在，建立正确的人生价值观，对营造幸福人生带来莫大的启迪和帮助。

陈帅先

2017年10月1日

目　　录

《弟子规》简介

《弟子规》作者李毓秀，字子潜，山西绛州人。清康熙年间秀才，以教书为生。李毓秀根据当时童蒙教育需要，结合教书实践，写成《训蒙文》。后经清代贾存仁修订，改为《弟子规》。

《弟子规》依据《论语》《孟子》《礼记》《孝经》和朱熹语录等儒家典籍编辑而成。核心思想是孝、悌、仁、爱、礼、义、忠、信。它以《论语·学而》中的“弟子入则孝，出则弟，谨而信，泛爱众，而亲仁，行有余力，则以学文”开篇，列举了弟子在家、出外、待人接物、求学等礼仪，三字一句，浅显易懂，音韵谐美，知识丰赡，是目前社会大众开展道德教育、规范言行、防邪存诚、培育忠厚家风的德育读物。

在迫切需要加强道德建设的今天，《弟子规》在帮助现代人传承中国文化、养正人格品行方面具有重要价值。不可忽视的是，在教孩子如何立身做人的同时，也要求家长必须按《弟子规》的要求，身教在前，率先垂范，成为子女效仿的楷模。所以，《弟子规》是一本全民族道德教育的经典读本。

弟子规

zǒng xù
总叙

dì zǐ guī shèng rén xùn shǒu xiào tì cì jǐn xìn
弟子规 圣人训 首孝悌 次谨信

fàn ài zhòng ér qīn rén yǒu yú lì zé xué wén
泛爱众 而亲仁 有余力 则学文

rù zé xiào
入则孝

fù mǔ hū yìng wù huǎn fù mǔ mìng xíng wù lǎn
父母呼 应勿缓 父母命 行勿懒

fù mǔ jiào xū jìng tīng fù mǔ zé xū shùn chéng
父母教 须敬听 父母责 须顺承

dōng zé wēn xià zé qìng chén zé xǐng hūn zé dìng
冬则温 夏则凊 晨则省 昏则定

chū bì gù fǎn bì miàn jū yǒu cháng yè wú biàn
出必告 反必面 居有常 业无变

shì suī xiǎo　wù shàn wéi　gǒu shàn wéi　zǐ dào kuī
事虽小　勿擅为　苟擅为　子道亏

wù suī xiǎo　wù sī cáng　gǒu sī cáng　qīn xīn shāng
物虽小　勿私藏　苟私藏　亲心伤

qīn suǒ hào　lì wèi jù　qīn suǒ wù　jǐn wèi qù
亲所好　力为具　亲所恶　谨为去

shēn yǒu shāng　yí qīn yōu　dé yǒu shāng　yí qīn xiū
身有伤　贻亲忧　德有伤　贻亲羞

qīn ài wǒ　xiào hé nán　qīn zēng wǒ　xiào fāng xián
亲爱我　孝何难　亲憎我　孝方贤

qīn yǒu guò　jiàn shǐ gēng　yí wú sè　róu wú shēng
亲有过　谏使更　怡吾色　柔吾声

jiàn bú rù　yuè fù jiàn　háo qì suí　tà wú yuàn
谏不入　悦复谏　号泣随　挞无怨

qīn yǒu jí　yào xiān cháng　zhòu yè shì　bù lí chuáng
亲有疾　药先尝　昼夜侍　不离床

sāng sān nián　cháng bēi yè　jū chù biàn　jiǔ ròu jué
丧三年　常悲咽　居处变　酒肉绝

sāng jìn lǐ　jì jìn chéng　shì sǐ zhě　rú shì shēng
丧尽礼　祭尽诚　事死者　如事生

chū zé tì

出则悌

xiōng dào yǒu　dì dào gōng　xiōng dì mù　xiào zài zhōng
兄道友　弟道恭　兄弟睦　孝在中

cái wù qīng　yuàn hé shēng　yán yǔ rěn　fèn zì mǐn
财物轻　怨何生　言语忍　忿自泯

huò yǐn shí　huò zuò zǒu　zhǎng zhě xiān　yòu zhě hòu
或饮食　或坐走　长者先　幼者后

zhǎng hū rén　jí dài jiào　rén bú zài　jǐ jí dào
长呼人　即代叫　人不在　己即到

chēng zūn zhǎng　wù hū míng　duì zūn zhǎng　wù xiàn néng
称尊长　勿呼名　对尊长　勿见能

lù yù zhǎng　jí qū yī　zhǎng wú yán　tuì gōng lì
路遇长　疾趋揖　长无言　退恭立

qí xià mǎ　chéng xià jū　guò yóu dài　bǎi bù yú
骑下马　乘下车　过犹待　百步余

zhǎng zhě lì　yòu wù zuò　zhǎng zhě zuò　mìng nǎi zuò
长者立　幼勿坐　长者坐　命乃坐

zūn zhǎng qián　shēng yào dī　dī bù wén　què fēi yí
尊长前　声要低　低不闻　却非宜

jìn bì qū tuì bì chí wèn qǐ duì shì wù yí

进必趋 退必迟 问起对 视勿移

shì zhū fù rú shì fù shì zhū xiōng rú shì xiōng

事诸父 如事父 事诸兄 如事兄

jǐn

谨

zhāo qǐ zǎo yè mián chí lǎo yì zhì xī cǐ shí

朝起早 夜眠迟 老易至 惜此时

chén bì guàn jiān shù kǒu biàn niào huí zhé jìng shǒu

晨必盥 兼漱口 便溺回 辄净手

guān bì zhèng niǔ bì jié wà yǔ lǚ jù jǐn qiè

冠必正 纽必结 袜与履 俱紧切

zhì guān fú yǒu dìng wèi wù luàn dùn zhì wū huì

置冠服 有定位 勿乱顿 致污秽

yī guì jié bú guì huá shàng xún fèn xià chèn jiā

衣贵洁 不贵华 上循分 下称家

duì yǐn shí wù jiǎn zé shí shì kě wù guò zé

对饮食 勿拣择 食适可 勿过则

nián fāng shào wù yǐn jiǔ yǐn jiǔ zuì zuì wéi chǒu

年方少 勿饮酒 饮酒醉 最为丑

bù cóng róng　lì duān zhèng　yī shēn yuán　bài gōng jìng
步从容　立端正　揖深圆　拜恭敬

wù jiàn yù　wù bǒ yǐ　wù jī jù　wù yáo bì
勿践阈　勿跛倚　勿箕踞　勿摇髀

huǎn jiē lián　wù yǒu shēng　kuān zhuǎn wān　wù chù léng
缓揭帘　勿有声　宽转弯　勿触棱

zhí xū qì　rú zhí yíng　rù xū shì　rú yǒu rén
执虚器　如执盈　入虚室　如有人

shì wù máng　máng duō cuò　wù wèi nán　wù qīng lüè
事勿忙　忙多错　勿畏难　勿轻略

dòu nào chǎng　jué wù jìn　xié pì shì　jué wù wèn
斗闹场　绝勿近　邪僻事　绝勿问

jiāng rù mén　wèn shú cún　jiāng shàng táng　shēng bì yáng
将入门　问孰存　将上堂　声必扬

rén wèn shuí　duì yǐ míng　wú yǔ wǒ　bù fēn míng
人问谁　对以名　吾与我　不分明

yòng rén wù　xū míng qiú　tǎng bú wèn　jí wéi tōu
用人物　须明求　倘不问　即为偷

jiè rén wù　jí shí huán　hòu yǒu jí　jiè bù nán
借人物　及时还　后有急　借不难

xìn
信

fán chū yán　xìn wéi xiān　zhà yǔ wàng　xī kě yān
凡出言　信为先　诈与妄　奚可焉

huà shuō duō　bù rú shǎo　wéi qí shì　wù nìng qiǎo
话说多　不如少　惟其是　勿佞巧

jiān qiǎo yǔ　huì wū cí　shì jǐng qì　qiè jiè zhī
奸巧语　秽污词　市井气　切戒之

jiàn wèi zhēn　wù qīng yán　zhī wèi dí　wù qīng chuán
见未真　勿轻言　知未的　勿轻传

shì fēi yí　wù qīng nuò　gǒu qīng nuò　jìn tuì cuò
事非宜　勿轻诺　苟轻诺　进退错

fán dào zì　zhòng qiě shū　wù jí jí　wù mó hu
凡道字　重且舒　勿急疾　勿模糊

bǐ shuō cháng　cǐ shuō duǎn　bù guān jǐ　mò xián guǎn
彼说长　此说短　不关己　莫闲管

jiàn rén shàn　jí sī qí　zòng qù yuǎn　yǐ jiàn jī
见人善　即思齐　纵去远　以渐跻

jiàn rén è　jí nèi xǐng　yǒu zé gǎi　wú jiā jǐng
见人恶　即内省　有则改　无加警

wéi dé xué　wéi cái yì　bù rú rén　dāng zì lì

唯德学　唯才艺　不如人　当自砺

ruò yī fu　ruò yǐn shí　bù rú rén　wù shēng qī

若衣服　若饮食　不如人　勿生戚

wén guò nù　wén yù lè　sǔn yǒu lái　yì yǒu què

闻过怒　闻誉乐　损友来　益友却

wén yù kǒng　wén guò xīn　zhí liàng shì　jiàn xiāng qīn

闻誉恐　闻过欣　直谅士　渐相亲

wú xīn fēi　míng wéi cuò　yǒu xīn fēi　míng wéi è

无心非　名为错　有心非　名为恶

guò néng gǎi　guī yú wú　tǎng yǎn shì　zēng yì gū

过能改　归于无　倘掩饰　增一辜

fàn ài zhòng
泛爱众

fán shì rén　jiē xū ài　tiān tóng fù　dì tóng zài

凡是人　皆须爱　天同覆　地同载

xíng gāo zhě　míng zì gāo　rén suǒ zhòng　fēi mào gāo

行高者　名自高　人所重　非貌高

cái dà zhě　wàng zì dà　rén suǒ fú　fēi yán dà

才大者　望自大　人所服　非言大

jǐ yǒu néng　wù zì sī　rén suǒ néng　wù qīng zǐ
己有能　勿自私　人所能　勿轻訾

wù chǎn fù　wù jiāo pín　wù yàn gù　wù xǐ xīn
勿谄富　勿骄贫　勿厌故　勿喜新

rén bù xián　wù shì jiǎo　rén bù ān　wù huà rǎo
人不闲　勿事搅　人不安　勿话扰

rén yǒu duǎn　qiè mò jiē　rén yǒu sī　qiè mò shuō
人有短　切莫揭　人有私　切莫说

dào rén shàn　jí shì shàn　rén zhī zhī　yù sī miǎn
道人善　即是善　人知之　愈思勉

yáng rén è　jí shì è　jí zhī shèn　huò qiě zuò
扬人恶　即是恶　疾之甚　祸且作

shàn xiāng quàn　dé jiē jiàn　guò bù guī　dào liǎng kuī
善相劝　德皆建　过不规　道两亏

fán qǔ yǔ　guì fēn xiǎo　yǔ yí duō　qǔ yí shǎo
凡取与　贵分晓　与宜多　取宜少

jiāng jiā rén　xiān wèn jǐ　jǐ bú yù　jí sù yǐ
将加人　先问己　己不欲　即速已

ēn yù bào　yuàn yù wàng　bào yuàn duǎn　bào ēn cháng
恩欲报　怨欲忘　报怨短　报恩长

dài bì pú　shēn guì duān　suī guì duān　cí ér kuān

待婢仆　身贵端　虽贵端　慈而宽

shì fú rén　xīn bù rán　lǐ fú rén　fāng wú yán

势服人　心不然　理服人　方无言

qīn rén

亲仁

tóng shì rén　lèi bù qí　liú sú zhòng　rén zhě xī

同是人　类不齐　流俗众　仁者稀

guǒ rén zhě　rén duō wèi　yán bú huì　sè bú mèi

果仁者　人多畏　言不讳　色不媚

néng qīn rén　wú xiàn hǎo　dé rì jìn　guò rì shǎo

能亲仁　无限好　德日进　过日少

bù qīn rén　wú xiàn hài　xiǎo rén jìn　bǎi shì huài

不亲仁　无限害　小人进　百事坏

yú lì xué wén

余力学文

bú lì xíng　dàn xué wén　zhǎng fú huá　chéng hé rén

不力行　但学文　长浮华　成何人

dàn lì xíng　bù xué wén　rèn jǐ jiàn　mèi lǐ zhēn

但力行　不学文　任己见　昧理真

dú shū fǎ　yǒu sān dào　xīn yǎn kǒu　xìn jiē yào
读书法　有三到　心眼口　信皆要

fāng dú cǐ　wù mù bǐ　cǐ wèi zhōng　bǐ wù qǐ
方读此　勿慕彼　此未终　彼勿起

kuān wéi xiàn　jǐn yòng gōng　gōng fu dào　zhì sè tōng
宽为限　紧用功　工夫到　滞塞通

xīn yǒu yí　suí zhá jì　jiù rén wèn　qiú què yì
心有疑　随札记　就人问　求确义

fáng shì qīng　qiáng bì jìng　jī àn jié　bǐ yàn zhèng
房室清　墙壁净　几案洁　笔砚正

mò mó piān　xīn bù duān　zì bú jìng　xīn xiān bìng
墨磨偏　心不端　字不敬　心先病

liè diǎn jí　yǒu dìng chù　dú kàn bì　huán yuán chù
列典籍　有定处　读看毕　还原处

suī yǒu jí　juàn shù qí　yǒu quē huài　jiù bǔ zhī
虽有急　卷束齐　有缺坏　就补之

fēi shèng shū　bǐng wù shì　bì cōng míng　huài xīn zhì
非圣书　屏勿视　蔽聪明　坏心志

wù zì bào　wù zì qì　shèng yǔ xián　kě xùn zhì
勿自暴　勿自弃　圣与贤　可驯致

《弟子规》易解

总　叙

【概述】《弟子规》原名《训蒙文》，为清朝康熙年间秀才李毓秀所作。按照《论语·学而》第六条“弟子入则孝，出则弟，谨而信，泛爱众，而亲仁，行有余力，则以学文”的文义，以三字一句、两句一韵编纂而成，分为五个部分加以演述。具体列举出为人子弟在家、在外、待人接物、求学应有的礼仪与规范，特别讲述家庭教育与生活教育。后经清朝贾存仁修订改编，并改名为《弟子规》，是启蒙养正，教育子弟敦伦尽分、防邪存诚，养成忠厚家风的最佳读物。

弟子规　圣人训　首孝悌　次谨信
泛爱众　而亲仁　有余力　则学文

易解：《弟子规》这本书，是依据至圣先师孔子的教诲而编成的生活规范。首先，在日常生活中，要做到孝顺父母，友爱兄弟姊妹。其次，在一切日常生活言语行为中要小心谨慎，要讲信用。和大众相处时要平等博爱，并且亲近有仁德的人，向他学习，这些都是很重要、非做不可的事，如果做了之后，还有多余的时间、精力，就应该好好地学习“六艺”等其他有益的学问。

入则孝

父母呼　应勿缓　父母命　行勿懒

父母教　须敬听　父母责　须顺承

易解：父母呼唤，应及时回答，不要慢吞吞地很久才应答，父母有事交代，要立刻动身去做，不可拖延或推辞偷懒。父母教导我们做人处世的道理，是为了我们好，应该恭敬地聆听。做错了事，父母责备教诫时，应当虚心接受，不可强词夺理，不可使父母亲生气、伤心。（君子闻过则喜，小人闻过则怒）特注：此处“父母”广义上可指老师、上级、长辈和对我们关怀的人。如果能做到像尊敬父母一样，从心里尊敬生命中出现的人，生活和工作定会越来越好。

冬则温　夏则清　晨则省　昏则定

出必告　反必面　居有常　业无变

易解：侍奉父母要用心体贴，“二十四孝”中的黄香（香九龄），为了让父亲安心睡眠，夏天睡前会帮父亲把床铺扇凉，冬天寒冷时会为父亲暖被窝，实在值得我们学习。早晨起床之后，应该先探望父母，并向父母请安问好。下午回家之后，要将今天在外的情形告诉父母，向父母报平安，使老人家放心。外出离家时，必须告诉父母要到哪里去，回家后还要当面禀报父母，让父母安心。平时的起居作息，要保持正常、有规律，做事也要有规律，不要任意改变，以免父母忧虑。

事虽小　勿擅为　苟擅为　子道亏
物虽小　勿私藏　苟私藏　亲心伤

易解：纵然是小事，也不要任性、擅自做主，或不向父母禀告。如果任性而为，容易出错，就有损为人子女的本分，因此让父母担心，是不孝的行为。公物虽小，也不可以私自收藏占为己有。如果私藏，品德就有缺失，父母知道了一定很伤心。

亲所好　力为具　亲所恶　谨为去
身有伤　贻亲忧　德有伤　贻亲羞
亲爱我　孝何难　亲憎我　孝方贤

易解：父母所喜好的东西，应该尽力去准备，父母所厌恶的事物，要小心谨慎地去除（包含自己的坏习惯）。要爱护自己的身体，不要使身体轻易受到伤害，让父母忧虑。曾子曰：“身体发肤，受之父母，不敢毁伤，孝之始也。”（《孝经·开宗明义》）要注重自己的品德修养，不可以做出伤风败德的事，使父母蒙受耻辱。当父母喜爱我们的时候，孝顺是很容易的事；当父母不喜欢我们，或者管教过于严厉的时候，我们一样要孝顺，而且还要能够自己反省检点，体会父母的心意，努力改过并且做得更好，这种孝顺的行为最是难能可贵。

亲有过　谏使更　怡吾色　柔吾声
谏不入　悦复谏　号泣随　挞无怨

易解：父母有过错的时候，应小心劝导其改过向善，劝导时态度要诚恳，声音必须柔和，并且要和颜悦色。如果父母不听规劝，要耐心等待，一有适当时机，例如父母情绪好转或是高兴的时候，再继续劝导；如果父母仍然不接受，甚至生气，此时我们虽难过得痛哭流涕，也要恳求父母改过，纵然遭到责打，也无怨无悔，以免陷父母于不义，使父母一错再错，铸成大错。

亲有疾　药先尝　昼夜侍　不离床
丧三年　常悲咽　居处变　酒肉绝
丧尽礼　祭尽诚　事死者　如事生

易解：父母生病时，子女应当尽心尽力地照顾，病情加重时，更要昼夜服侍，不可以随便离开。父母去世之后，守孝期间（古礼三年），要常常追思、感怀父母教养的恩德。必须调整改变自己的生活起居，不能贪图享受，应该戒绝酒肉（请参考《地藏经》，孝子应如何给往生者修福）。办理父母的丧事要哀戚合乎礼节，不可草率马虎，也不可以为了面子铺张浪费，这样才是真孝顺。（《论语·为政》曰："生，事之以礼，死，葬之以礼，祭之以礼。"）祭拜时应诚心诚意，对待已经去世的父母，要如同生前一样恭敬。（《论语·八佾》曰："祭如在，祭神如神在。"）

出则悌

兄道友　弟道恭　兄弟睦　孝在中
财物轻　怨何生　言语忍　忿自泯

易解：当哥哥姐姐的要友爱弟妹，做弟妹的要懂得恭敬兄姊，兄弟姊妹和睦相处，一家人和乐融融，父母自然欢喜，孝道就在其中了。与人相处不斤斤计较财物，怨恨就无从生起。言语上能够包容忍让，多说好话，不说坏话，忍住气话，不必要的冲突、怨恨的事情自然消失不生（言语为福祸之门。孔门四科有：德行、言语、政事、文学。可见言语之重要）。

或饮食　或坐走　长者先　幼者后
长呼人　即代叫　人不在　己即到

易解：良好的生活教育，要从小培养；不论用餐就座或行走，都应该谦虚礼让，长幼有序，让年长者优先，年幼者在后。长辈有事呼唤人，应代为传唤，如果那个人不在，自己应该主动去询问是什么事，可以帮忙就帮忙，不能帮忙时则代为转告。（助人为快乐之本。“人生以服务为目的，不以夺取为目的。”）

称尊长　勿呼名　对尊长　勿见能

路遇长　疾趋揖　长无言　退恭立
骑下马　乘下车　过犹待　百步余

易解：称呼长辈时，不可以直呼姓名，在长辈面前，要谦虚有礼，不可以炫耀自己的才能；路上遇见长辈，应向前问好，长辈没有事时，即恭敬退后站立一旁，等待长辈离去。古礼：不论骑马或乘车，路上遇见长辈均应下马或下车问候，并等到长者离去稍远，约百步之后，才可以离去（敬老尊贤）。

长者立　幼勿坐　长者坐　命乃坐
尊长前　声要低　低不闻　却非宜
进必趋　退必迟　问起对　视勿移

易解：与长辈同处，长辈站立时，晚辈应该陪着站立，不可以自行就座，长辈坐定以后，吩咐坐下才可以坐。与长辈交谈，声音要柔和适中，回答的音量太小，让人听不清楚，也是不恰当的。有事要到长辈面前时，应快步向前，退回去时，必须稍慢一些才合乎礼节。当长辈问话时，应当专注聆听，眼睛不可以东张西望、左顾右盼。

事诸父　如事父　事诸兄　如事兄

易解：对待叔叔、伯伯等长辈，要如同对待自己的父亲一般孝顺恭敬，对待同族的兄长（堂兄弟、表兄妹等），要如同对待自己的兄长一样友爱尊敬。

谨

朝起早　夜眠迟　老易至　惜此时
晨必盥　兼漱口　便溺回　辄净手

易解： 早上要早点起床，晚上也别很早就睡觉。因为时光宝贵，转瞬即逝，应当好好珍惜和努力。正所谓“少壮不努力，老大徒伤悲”。陶渊明诗：“盛年不重来，一日难再晨。及时当勉励，岁月不待人。”早晨起床后，务必洗脸、刷牙、漱口使精神清爽，有一个好的开始。大小便后，一定要洗手，养成良好的卫生习惯，才能确保健康（防止病毒传播，要学会洗手，手心、手背、指缝间均要仔细搓洗）。

冠必正　纽必结　袜与履　俱紧切
置冠服　有定位　勿乱顿　致污秽

易解： 要注重服装仪容的整齐清洁，戴帽子要戴端正，衣服扣子要扣好，袜子穿平整，鞋带应系紧，否则容易被绊倒，一切穿着以稳重端庄为宜。回家后衣、帽、鞋袜都要放置定位，避免造成脏乱，要用的时候又要找半天（大处着眼，小处着手，养成良好的生活习惯，是成功的一半）。

衣贵洁　不贵华　上循分　下称家
对饮食　勿拣择　食适可　勿过则
年方少　勿饮酒　饮酒醉　最为丑

易解：穿衣服需注重整洁，不必讲究昂贵、名牌、华丽。穿着应考量自己的身份及场合，更要衡量家中的经济状况，这才是持家之道。（不要为了面子，更不要让虚荣心做主，无谓的开销就是浪费）日常饮食要注意营养均衡，多吃蔬菜水果，少吃肉，不要挑食，不可以偏食，三餐常吃八分饱，避免过量，以免增加身体的负担，危害健康。

饮酒有害健康，要守法，青少年、未成年人不可以饮酒。成年人饮酒也不要过量，试看醉汉疯言疯语，丑态毕露，惹出多少是非？

老子说："圣人为腹不为目。饮食是为了吃饱肚子，不是为了满足口目。"当今的社会文明病例如癌症、糖尿病等，多为营养过剩与营养失衡造成的。应注意过分加工，太精致的食品，都含有化学添加物，有害健康，不宜食用。

步从容　立端正　揖深圆　拜恭敬
勿践阈　勿跛倚　勿箕踞　勿摇髀

易解：走路时步伐应当从容稳重，不慌不忙，不急不缓；站立时要端正、有站相，须抬头挺胸，精神饱满，不可以弯腰驼背、垂头丧气。（立如松，行如风，坐如钟，卧如弓）问候他人时，不论鞠躬或拱手都要真诚恭敬，不能敷衍了事。进门时脚不要踩在门槛上，站立时身体也不要站得歪歪斜斜，坐的时候不可以伸出两腿，腿更不可以抖动，这些都是很轻浮、傲慢的举动，有失君子风范。

缓揭帘　勿有声　宽转弯　勿触棱
执虚器　如执盈　入虚室　如有人
事勿忙　忙多错　勿畏难　勿轻略
斗闹场　绝勿近　邪僻事　绝勿问

易解： 进入房间时，不论揭帘子、开门的动作都要轻一点、慢一些，避免发出声响。在室内行走或转弯时，应小心不要撞到物品的棱角，以免受伤。拿东西时要注意，即使是拿着空的器具，也要像里面装满东西一样，小心谨慎以防跌倒或打破。进入无人的房间，也要像有人在一样，不可以随便。做事不要急急忙忙、慌慌张张，因为这样容易出错；不要畏苦怕难而犹豫退缩，也不可以草率，随便应付了事。

凡是容易发生争吵打斗的不良场所，如赌博、色情等是非之地，要勇于拒绝，不要接近，以免受到不良的影响。一些邪恶下流、荒诞不经的事也要谢绝，不听、不看，不要好奇地去追问，以免污染了善良的心性。

将入门　问孰存　将上堂　声必扬
人问谁　对以名　吾与我　不分明
用人物　须明求　倘不问　即为偷

借人物　及时还　后有急　借不难

易解：将要入门之前，应先问："有人在吗?"不要冒冒失失就跑进去。进入客厅之前，应先提高声音，让屋里的人，知道有人来了。如果屋里的人问："是谁呀?"应该回答名字，而不是："我，我!"让人无法分辨"我"是谁。

借用别人的物品，一定要事先讲明，请求允许。如果没有事先征求同意，擅自取用就是偷窃的行为。借用他人的物品，要爱惜使用并准时归还。这样以后若有急用，再借就不难了。

信

凡出言　信为先　诈与妄　奚可焉
话说多　不如少　惟其是　勿佞巧
奸巧语　秽污词　市井气　切戒之

易解：开口说话，诚信为先，答应他人的事情，一定要遵守承诺，没有能力做到的事不能随便答应，至于欺骗或花言巧语，更不能使用！(《论语·学而》曰："与朋友交，言而有信。")话多不如话少，话少不如话好。说话要恰到好处，该说的就说，不该说的绝对不说，立身处世应该谨言慎行，谈话内容要实事求是，所谓"词，达而已矣"；不要花言巧语，好听却靠不住。奸邪投机的语言，下流肮脏的话，以及街头无赖粗俗的口气，都要避免不去沾染。(《论语·里仁》："君子欲讷于言而敏于行。")

见未真　勿轻言　知未的　勿轻传
事非宜　勿轻诺　苟轻诺　进退错
凡道字　重且舒　勿急疾　勿模糊
彼说长　此说短　不关己　莫闲管

易解：对于任何事情，在没有看到真相之前，不要轻易发表意见，对事情了解得不够清楚明白之时，不可以任意传播，以免造成不良后果（谣言止于智者，不要被谣言所利用）。

不合义理的事，不要轻易答应，如果轻易允诺，会导致做也不是，不做也不好，使自己进退两难。

讲话时要口齿清晰，咬字应该清楚，慢慢讲，不要太快，更不要模糊不清。

遇到他人来说是非，听听就算了，要有智慧判断，不要受影响，不要介入是非，事不关己则不必多管。

见人善　即思齐　纵去远　以渐跻
见人恶　即内省　有则改　无加警

易解：看见他人的优点或善行义举，要立刻想到学习看齐，纵然目前能力相差很多，也要下定决心，逐渐赶上。看见别人的缺点或不良的行为，要反躬自省，检讨自己是否也有这些缺失，有则改之，无则加勉（见贤思齐焉，见不贤而内省也）。（《论语·述而》曰：“三人行，必有我师焉，择其善者而从之，其不善者而改之。”）

唯德学　唯才艺　不如人　当自砺
若衣服　若饮食　不如人　勿生戚

易解：每一个人都应当重视自己的品德、学问和才能技艺的培养，如果感觉到有不如人的地方，应当自我惕厉、奋发图强。至于外表穿戴，或者饮食不如他人，则不必放在心上，更没有必要忧虑自卑，所谓“君子忧道不忧贫”。(《论语·颜回》：“居陋巷，一箪食，一瓢饮，人不堪其忧，回也不改其乐。”）

闻过怒　闻誉乐　损友来　益友却
闻誉恐　闻过欣　直谅士　渐相亲

易解：如果一个人听到别人说自己的过失就生气，听到别人称赞自己就欢喜，那么坏朋友就会来接近你，真正的良朋益友反而会逐渐疏远退却了。

反之，如果听到他人的称赞，不但没有得意忘形，反而会自省，唯恐做得不够好，并且继续努力；当别人批评自己的缺失时，不但不生气，还能欢喜接受，那么正直诚信的人，就会渐渐喜欢和我们亲近了（人以群分，物以类聚。同声相应，同气相求）。

无心非　名为错　有心非　名为恶

过能改　归于无　倘掩饰　增一辜

易解：无心之过称为错，若是明知故犯，有意犯错便是罪恶。知错能改，是勇者的行为，错误自然慢慢地减少消失，如果为了面子，死不认错，还要去掩饰，那就是错上加错了。

泛爱众

凡是人　皆须爱　天同覆　地同载

易解：只要是人，就是同类，不分族群、人种、宗教信仰，皆须相亲相爱。同是天地所生、万物滋长的，应该不分你我，互助合作，才能维持这个共生共荣的生命共同体（天地万物和谐有序，本是一体）。

行高者　名自高　人所重　非貌高
才大者　望自大　人所服　非言大

易解：德行高尚者，名望自然高超。大家敬重的是他的德行，而不是外表容貌。有才能的人，处理事情的能力卓越，声望自然不凡，然而人们之所以欣赏佩服，是他的处事能力，而不是因为他很会说大话。

己有能　勿自私　人所能　勿轻訾
勿谄富　勿骄贫　勿厌故　勿喜新
人不闲　勿事搅　人不安　勿话扰

易解：当你有能力可以服众人的时候，不要自私自利，只考虑自己，舍不得付出。对于他人的才华，应当学习欣赏赞叹，而不是批评、嫉妒、毁谤。不要去讨好、巴结富有的人，也不要在穷人面前骄傲自大，或者轻视他们。不要喜新厌旧，对于老朋友要珍惜，不要贪恋新朋友或新事物。对于正在忙碌的人，不要去打扰他，当别人心情不好、身心欠安的时候，不要用闲言闲语干扰他，增加他的烦恼与不安。

人有短　切莫揭　人有私　切莫说
道人善　即是善　人知之　愈思勉
扬人恶　即是恶　疾之甚　祸且作
善相劝　德皆建　过不规　道两亏

易解：别人的缺点，不要去揭穿，对于他人的隐私，切忌去张扬。赞美他人的善行就是行善。当对方听到你的称赞之后，必定会更加勉励行善。张扬他人的过失或缺点，就是做了一件坏事。如果指责批评得太过分了，会给自己招来灾祸。朋友之间应该互相规过劝善，共同建立良好的品德修养。如果有错不能互相规劝，两个人的品德都会有缺陷。

凡取与　贵分晓　与宜多　取宜少
将加人　先问己　己不欲　即速已
恩欲报　怨欲忘　报怨短　报恩长

易解：财物的取得与给予，一定要分辨清楚明白，宁可多给别人，自己少拿一些，才能广结善缘，与人和睦相处。

事情要加到别人身上之前（要托人做事），先要反省问问自己：换作是我，喜欢不喜欢，如果连自己都不喜欢，就要立刻停止。（《论语·颜渊》曰："己所不欲，勿施于人。"要设身处地为他人着想。）

受人恩惠要时时想着报答，别人有做过对不起自己的事，应该宽大为怀地把它忘掉，对于怨恨不平的事不要停留太久，过去就算了，"不要老放在心上，处罚自己，苦恼自己！"至于别人对我们的恩德，要感恩在心，常记不忘，常思报答。

待婢仆　身贵端　虽贵端　慈而宽
势服人　心不然　理服人　方无言

易解：对待家中的婢女与仆人，要注重自己的品德端正并以身作则，虽然品德端正很重要，但是仁慈宽厚更可贵，如果仗势强逼别人服从，对方难免口服心不服。唯有以理服人，别人才会心悦诚服、没有怨言。

亲　仁

同是人　类不齐　流俗众　仁者稀
果仁者　人多畏　言不讳　色不媚
能亲仁　无限好　德日进　过日少
不亲仁　无限害　小人进　百事坏

易解：我们生活在大众之中，大家的品格习性不相同，随波逐流的人多，真正有智慧的仁者比较少。如果有一位仁德的人出现，大家自然敬畏他，因为他说话公正无私、没有隐瞒，又不讨好他人，所以大家才会起敬畏之心。能够亲近有仁德的人，向他学习，真是再好不过了，因为他会使我们的德行一天比一天进步，过错也跟着减少。如果不肯亲近仁人君子，就会有无穷的祸害，因为不肖的小人会乘虚而入，跑来亲近我们，日积月累，我们的言行举止都会受影响，导致整个人生的失败。即所谓的“近朱者赤，近墨者黑”。

余力学文

不力行　但学文　长浮华　成何人
但力行　不学文　任己见　昧理真

易解：不能身体力行孝、悌、谨、信、泛爱众、亲仁这些本分，一味死读书，纵然有些知识，也只是增长自己浮华不实的习气，变成一个不切实际的人，如此读书又有何用？反之，如果只是一味地做，不肯读书学习，就容易依照自己的偏见做事，违背了真理，也是不对的。（《论语·为政》曰："学而不思则罔，思而不学则殆。"）

读书法　有三到　心眼口　信皆要
方读此　勿慕彼　此未终　彼勿起
宽为限　紧用功　工夫到　滞塞通
心有疑　随札记　就人问　求确义

易解：读书的方法是要注重三到，眼到、口到、心到。三者缺一不可，如此方能收到事半功倍的效果。研究学问，要专一，要专精才能深入，不能这本书才开始读没多久，又欣羡其他的人，想看其他的书，这样永远也定不下心，必须把这本书读完，才能读另外一本。

在制订读书计划的时候，不妨宽松一些，实际执行时，就要加紧用功，严格执行，不可以懈怠偷懒，日积月累，功夫深了，原先窒碍不通、困顿疑惑之处自然都迎刃而解了。（《中庸》："用功日久，而一旦豁然贯通焉，则众物之表里精粗无不到，而吾心之全体大用无不明矣。"）

求学当中，心里有疑问，应随时记笔记，一有机会，就向良师益友请教，不耻下问，务必确实明白它的意义。

房室清　墙壁净　几案洁　笔砚正

墨磨偏　心不端　字不敬　心先病
列典籍　有定处　读看毕　还原处
虽有急　卷束齐　有缺损　就补之
非圣书　屏勿视　蔽聪明　坏心志
勿自暴　勿自弃　圣与贤　可驯致

易解：书房要整理清洁，墙壁要保持干净，读书时，书桌上笔墨纸砚等文具要放置整齐，不得凌乱，触目所及皆是井井有条，才能静下心来读书。古人写字使用毛笔，写字前先要磨墨，如果心不在焉，墨就会磨偏了，写出来的字如果歪歪斜斜的，就表示你浮躁不安，心定不下来。

书籍课本应分类，排列整齐，放在固定的位置，读诵完毕须归还原处。如有急事，也要把书本收好再离开，书本是智慧的结晶，有缺损就要修补，保持完整（古人一书难求，故有修补之举）。

不是传述圣贤言行的著作，以及有害身心健康的不良书刊，都应该摒弃不要看，以免身心受到污染，智慧遭受蒙蔽，心志变得不健康。遇到困难或挫折的时候，不要自暴自弃，也不必愤世嫉俗，看什么都不顺眼，应该发愤向上、努力学习，圣贤境界虽高，循序渐进，也是可以达到的。正如《孟子》曰："舜何人也，予何人也，有为者亦若是！"

二十四孝

一、孝感动天

舜，五帝之一，姓姚，名重华，史称虞舜。他的父亲瞽叟及继母、异母弟弟象，多次想害死他：在舜修补谷仓仓顶时，于谷仓下纵火，舜手持两个斗笠跳下逃脱；在舜掘井时，瞽叟与象下土填井，舜掘地道逃脱。事后舜毫不嫉恨，仍对父亲恭顺，对弟弟慈爱。他的孝行感动了天帝。舜在厉山耕种，大象替他耕地，鸟代他锄草。帝尧听说舜非常孝顺，并有处理政事的才干，便把女儿娥皇和女英嫁给他，选定舜做他的继承人。舜登天子位后去看望父亲，仍然恭恭敬敬。

二、亲尝汤药

汉文帝刘恒，汉高祖第三子，为薄太后所生。高后八年（公元前180年）继帝位。他以仁孝之名闻于天下，侍奉母亲从不懈怠。母亲卧病三年，他常常目不交睫、衣不解带；母亲所服的汤药，他亲口尝过后才放心让母亲服用。他在位24年，重德治，兴礼仪，注意发展农业，使西汉社会稳定、人丁兴旺，经济得到恢复和发展，他与汉景帝统治时期出现的治世被誉为“文景之治”。

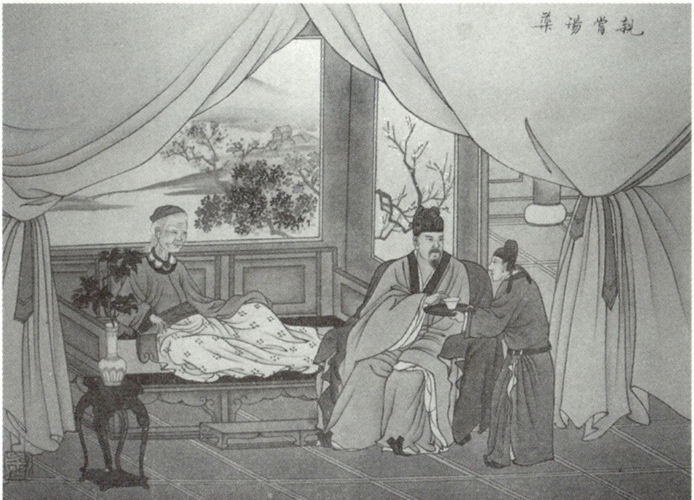

三、啮指痛心

曾参，字子舆，春秋时期鲁国人，孔子的得意弟子，世称“曾子”，以孝著称。少年时家贫，常入山打柴。一天，他家里来了客人，母亲不知所措，就用牙咬自己的手指。曾参忽然觉得心疼，知道母亲在呼唤自己，便背着柴迅速返回家中，跪问缘故。母亲说：“有客人忽然到来，我咬手指盼你回来。”曾参于是接见客人，以礼相待。曾参学识渊博，曾提出“吾日三省吾身”（《论语·学而》）的修养方法，相传他著述有《大学》《孝经》等儒家经典，后世儒家尊他为“宗圣”。

四、百里负米

仲由，字子路、季路，春秋时期鲁国人，孔子的得意弟子，性格直率勇敢，十分孝顺。早年家中贫穷，自己常常采野菜做饭食，却从百里之外负米回家侍奉双亲。父母死后，他做了大官，奉命到楚国去，随从的车马有百乘之众，所积的粮食有万钟之多。坐在垒叠的锦褥上，吃着丰盛的筵席，他常常怀念双亲，慨叹说："即使我想吃野菜，为父母亲去负米，哪里能够再得呢？"孔子赞扬说："你侍奉父母，可以说是生时尽力，死后思念哪！"（《孔子家语·致思》）

五、芦衣顺母

闵损，字子骞，春秋时期鲁国人，孔子的弟子，在孔门中凭借德行与颜渊并称。孔子曾赞扬他说：“孝哉，闵子骞！”（《论语·先进》）他生母早死，父亲娶了后妻，又生了两个儿子。继母经常虐待他，冬天，两个弟弟穿着用棉花做的冬衣，却给他穿用芦花做的“棉衣”。一天，父亲出门，闵损牵车时因寒冷而颤抖，将绳子掉落地上，遭到父亲的斥责和鞭打，芦花随着打破的衣缝飞了出来，父亲方知闵损受到虐待。父亲返回家，要休逐后妻。闵损跪求父亲饶恕继母，说：“留下母亲只是我一个人受冷，休了母亲三个孩子都要挨冻。”父亲十分感动，就依了他。继母听说，悔恨知错，从此对待他如亲子。

六、鹿乳奉亲

郯子，春秋时期人。父母年老，患眼疾，需饮鹿乳疗治。他便披鹿皮进入深山，钻进鹿群中，挤取鹿乳，供奉双亲。一次取乳时，看见猎人正要射杀一只麂鹿，郯子急忙掀起鹿皮现身走出，将挤取鹿乳为双亲医病的实情告知猎人，猎人敬他孝顺，以鹿乳相赠，护送他出山。

七、戏彩娱亲

老莱子，春秋时期楚国隐士，为躲避世乱，自耕于蒙山南麓。他孝顺父母，尽拣美味供奉双亲，70 岁尚不言老，常穿着五色彩衣，手持拨浪鼓如小孩子般戏耍，以博父母开怀。一次为双亲送水，进屋时跌了一跤，他怕父母伤心，索性躺在地上学小孩子哭，二老大笑。

八、卖身葬父

董永，相传为东汉时期千乘（今山东高青县北）人，少年丧母，因避兵乱迁居安陆（今属湖北）。其后父亲亡故，董永卖身至一富家为奴以换取丧葬费用。他在上工路上，于槐荫下遇一女子，自言无家可归，二人结为夫妇。女子以一月时间织成三百匹锦缎，为董永抵债赎身，返家途中，行至槐荫，女子告诉董永：自己是天帝之女，奉命帮助董永还债。言毕凌空而去。因此，槐荫改名为孝感。

九、刻木事亲

在汉朝河内地方，有一个人叫丁兰。他对自己未能趁父母健在时尽孝而痛悔不已，于是，他就用木料雕刻出父母的形象，供在家中堂上敬奉，事之如生。一天，同村张叔到丁兰家借东西，丁兰不在。丁妻于是在父母的像前问卜得到“不借”的答案。张叔借着酒劲，大骂了木像。丁兰知道后去找张叔理论，情急之中，用力责打了他。张叔就向衙门告状，衙门便派衙役捕捉丁兰归案。丁兰被捕走前，来到父母的木像前，双膝跪下，发自内心地向父母忏悔，想不到奇迹出现了，人们看见两尊木像的眼睛里，竟然缓缓流出了泪水，而木像的神情，是那么痛苦难当，感动了在场的所有人。地方官得知实情后，不但免除了对丁兰的责罚，还向朝廷举荐他为“孝廉”。

十、行佣供母

江革，东汉时齐国临淄人，少年丧父，侍奉母亲极为孝顺。战乱中，江革背着母亲逃难，几次遇到匪盗，贼人欲杀死他，江革哭告：老母年迈，无人奉养，贼人见他孝顺，不忍杀他。后来，他迁居江苏下邳，做雇工供养母亲，自己贫穷赤脚，而母亲所需甚丰。汉明帝时其被推举为“孝廉”，汉章帝时被推举为“贤良方正”，任五官中郎将。

十一、怀橘遗亲

陆绩，三国时期吴国吴县华亭（今上海市松江）人，科学家。六岁时，随父亲陆康到九江谒见袁术，袁术拿出橘子招待，陆绩往怀里藏了两个橘子。临行时，橘子滚落地上，袁术嘲笑道：“陆郎来我家做客，走的时候还要怀藏主人的橘子吗？”陆绩回答说：“母亲喜欢吃橘子，我想拿回去送给母亲尝尝。”袁术见他小小年纪就懂得孝顺母亲，十分惊奇。陆绩成年后，博学多识，通晓天文、历算，曾作《浑天图》，注《易经》，撰写《太玄经注》。

十二、埋儿奉母

郭巨，晋代隆虑（今河南林县）人，一说河内温县（今河南温县西南）人，原本家道殷实。父亲死后，他把家产分作两份，给了两个弟弟，自己独取母亲供养，对母极孝。他有个儿子还很幼小，郭巨的母亲常常把自己吃的东西分给孙儿吃。家里穷得不能够奉养母亲，现在儿子又要分母亲的食物，如何是好呢？于是郭巨总等着儿子走出去的时候，再把食物送到母亲那里去。有一天，儿子跌到水里死了，郭巨的妻子伤心地大哭。郭巨说，你不要惊动了母亲，儿子可以再有的，母亲是不可以再得的，何不把儿子埋葬了。郭巨的妻子不敢违背丈夫的话，就在地上掘坑。挖到三尺多深，忽然一个霹雳，把儿子震活了。并且地里有一坛黄金，上书“天赐郭巨，官不得取，民不得夺”。夫妻得到黄金，回家孝敬母亲，并得以兼养孩子。

十三、扇枕温衾

黄香，东汉江夏安陆人，九岁丧母，事父极孝。酷夏时为父亲扇凉枕席；寒冬时用身体为父亲温暖被褥。少年时即博通经典，文采飞扬，京师广泛流传“天下无双，江夏黄童”。安帝（107—125 年）时任魏郡（今属河北）太守，魏郡遭受水灾，黄香尽其所有赈济灾民。著有《九宫赋》《天子冠颂》等。

十四、拾葚异器

蔡顺，汉代汝南（今属河南）人，少年丧父，事母甚孝。当时正值王莽之乱，又遇饥荒，柴米昂贵，只得拾桑葚充饥。一天，他巧遇赤眉军，士兵厉声问道：“为什么把红色的桑葚和黑色的桑葚分开装在两个篓子里？”蔡顺回答说：“黑色的桑葚供老母食用，红色的桑葚留给自己吃。”赤眉军怜悯他的孝心，送给他三斗白米、一只牛蹄，让他带回去供奉他的母亲，以示敬意。

十五、涌泉跃鲤

姜诗，东汉四川广汉人，娶庞氏为妻。夫妻孝顺，其家距长江六七里之遥，庞氏常到江边取婆婆喜喝的长江水。婆婆爱吃鱼，夫妻就常做鱼给她吃，婆婆不愿意独自吃，他们又请来邻居老婆婆一起吃。一次因风大，庞氏取水晚归，姜诗怀疑她怠慢母亲，将她逐出家门。庞氏寄居在邻居家中，昼夜辛勤地纺纱织布，将积蓄所得托邻居送回家中孝敬婆婆。后来，婆婆知道了庞氏被逐之事，令姜诗将其请回。庞氏回家这天，院中忽然喷涌出泉水，口味与长江水相同，每天还有两条鲤鱼跃出。从此，庞氏便用这些供奉婆婆，不必远走江边了。

十六、闻雷泣墓

王裒，魏晋时期营陵（今山东昌乐东南）人，博学多能。父亲王仪被司马昭杀害，他隐居以教书为业，终生不面向西坐，表示永不做晋臣。其母在世时怕雷，死后埋葬在山林中。每当风雨天气，听到雷声，他就跑到母亲坟前，跪拜安慰母亲说：“裒儿在这里，母亲不要害怕。”他教书时，每当读到《蓼莪》篇，常常泪流满面，思念父母。

十七、乳姑不怠

崔山南，名琯，唐代博陵（今属河北）人，官至山南西道节度使，人称“山南”。当年，崔山南的曾祖母长孙夫人，年事已高，牙齿脱落，祖母唐夫人十分孝顺，每天盥洗后，都用自己的乳汁喂养婆婆，如此数年，长孙夫人不再吃其他饭食，身体依然健康。长孙夫人病重时，将全家大小召集在一起，说：“我无以报答新妇之恩，但愿新妇的子孙媳妇也像她孝敬我一样孝敬她。”后来崔山南做了高官，果然像长孙夫人所嘱，孝敬祖母唐夫人。

十八、卧冰求鲤

王祥，琅琊人，生母早丧，继母朱氏多次在他父亲面前说他的坏话，使他失去父爱。父母患病，他衣不解带地侍候，继母想吃活鲤鱼，当时天寒地冻，他便解开衣服卧在冰上，冰忽然自行融化，跃出两条鲤鱼。继母食后，果然病愈。王祥隐居二十余年，后从温县县令做到大司农、司空、太尉。

十九、恣蚊饱血

吴猛，晋朝濮阳人，八岁时就懂得孝敬父母。他家里贫穷，没有蚊帐，蚊虫叮咬使父亲不能安睡。每到夏夜，吴猛总是赤身坐在父亲床前，任蚊虫叮咬而不驱赶，担心蚊虫离开自己去叮咬父亲。吴猛父亲去世后，他还为父亲守丧三年，三年里他早晚祭奠，从不间断，受到后人的称赞。

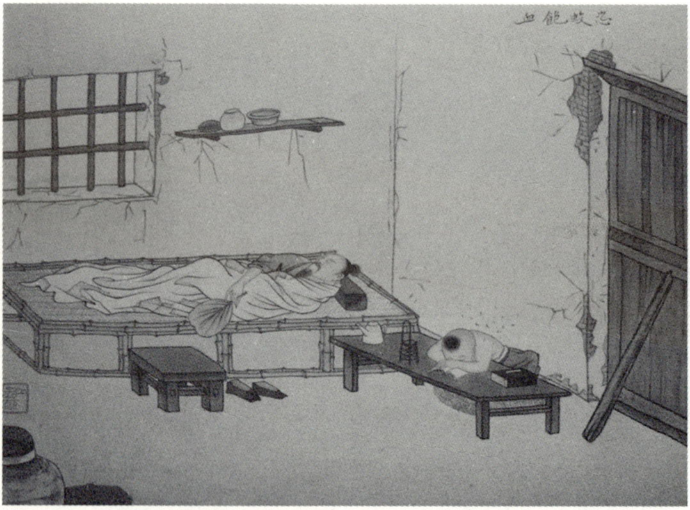

二十、扼虎救父

杨香，晋朝人。十四岁时随父亲到田间割稻，忽然跑来一只猛虎，把父亲扑倒叼走，杨香手无寸铁，为救父亲，她全然不顾自己的安危，急忙跳上前，用尽全身气力扼住猛虎的咽喉。猛虎终于放下父亲跑掉了。

二十一、哭竹生笋

孟宗，三国时期江夏人，少年时父亡，母亲年老病重，大夫嘱用鲜竹笋做汤。正值严冬，没有鲜笋，孟宗无计可施，独自一人跑到竹林里，扶竹哭泣。少顷，他忽然听到地裂声，只见地上长出数茎嫩笋。孟宗大喜，采回做汤，母亲喝了后果然病愈。后来他大有作为，官至司空。

二十二、尝粪忧心

庾黔娄，南齐高士，任孱陵县令。赴任不满十天，忽觉心惊流汗，预感家中有事，当即辞官返乡。回到家中，知父亲已病重两日。医生嘱咐说：“要知道病情吉凶，只要尝一尝病人粪便的味道，味苦的话病就好了。”黔娄于是就去尝父亲的粪便，发现味甜，内心十分忧虑，夜里跪拜北斗星，乞求以身代父去死。几天后父亲死去，黔娄安葬了父亲，并守丧三年。

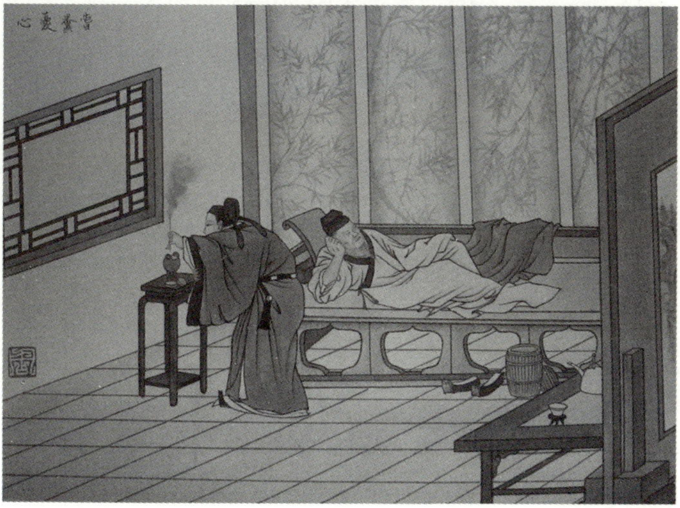

二十三、弃官寻母

朱寿昌，宋代天长人，七岁时，生母刘氏被嫡母（父亲的正妻）嫉妒，不得不改嫁他人，五十年来母子音信不通。神宗时，朱寿昌在朝做官，曾经刺血书写《金刚经》，行四方寻找生母，得到线索后，决心弃官到陕西寻找生母，发誓不见母亲永不返回。终于在陕西遇到生母和两个弟弟，母子欢聚，这时母亲已经七十多岁了。

二十四、涤亲溺器

黄庭坚，字鲁直，号山谷，北宋洪州分宁（今江西修水）人。从小聪明颖慧，过目不忘。黄庭坚为官刚正不阿，官至知州、吏部员外郎。尽管他地位高、名声大，侍奉母亲仍一丝不苟。平时母亲的起居饮食，都是自己亲自动手，连母亲用的马桶都由自己亲自刷洗。别人劝他说：“你做了大官，洗刷马桶之类的事，就让婢女去做，何必自己动手呢?”黄庭坚说：“职位再高，也要讲孝道。侍奉母亲，没有什么高贵与下贱之分。”后人以诗称赞道：贵显天下闻，平生孝事亲。亲自涤溺器，不用婢妾人。

《孝经》简介

《孝经》是中国古代儒家的伦理学著作。有人说是孔子自作，但南宋时已有人怀疑是出于后人附会。清代纪昀在《四库全书总目》中指出，该书是孔子“七十子之徒之遗言”，成书于秦汉之际。自西汉至魏晋南北朝，注解者及百家。现在流行的版本是由唐玄宗李隆基注，宋代邢昺疏的。全书共分 18 章。该书以孝为中心，比较集中地阐发了儒家的伦理思想。它肯定“孝”是上天所定的规范，“夫孝，天之经也，地之义也，人之行也。”书中指出，孝是诸德之本，“人之行，莫大于孝”，国君可以用孝治理国家，臣民能够用孝立身理家、保持爵禄。《孝经》在中国伦理思想中首次将孝亲与忠君联系起来，认为“忠”是“孝”的发展和扩大，并把“孝”的社会作用绝对化、神秘化，认为“孝悌之至”就能够“通于神明，光于四海，无所不通”。

孝　经

开宗明义章第一

仲尼居，曾子侍。子曰："先王有至德要道，以顺天下，民用和睦，上下无怨。汝知之乎？"曾子避席曰："参不敏，何足以知之？"子曰："夫孝，德之本也，教之所由生也。复坐，吾语汝。身体发肤，受之父母，不敢毁伤，孝之始也。立身行道，扬名于后世，以显父母，孝之终也。夫孝，始于事亲，中于事君，终于立身。《大雅》云：'无念尔祖，聿修厥德。'"

天子章第二

子曰：爱亲者，不敢恶于人；敬亲者，不敢慢于人。爱敬尽于事亲，而德教加于百姓，刑于四海。盖天子之孝也。《甫刑》云："一人有庆，兆民赖之。"

诸侯章第三

在上不骄，高而不危；制节谨度，满而不溢。高而不危，所以长守贵也。满而不溢，所以长守富也。富贵不离其身，然后能保其社稷，而和其民人。盖诸侯之孝也。《诗》云："战战兢兢，如临深渊，如履薄冰。"

卿、大夫章第四

非先王之法服不敢服，非先王之法言不敢道，非先王之德行不敢行。是故非法不言，非道不行；口无择言，身无择行。言满天下无口过，行满天下无怨恶。三者备矣，然后能守其宗庙。盖卿、大夫之孝也。《诗》云："夙夜匪懈，以事一人。"

士章第五

资于事父以事母，而爱同；资于事父以事君，而敬同。故母取其爱，而君取其敬，兼之者父也。故以孝事君则忠，以敬事长则顺。忠顺不失，以事其上，然后能保其禄位，而守其祭祀。盖士之孝也。《诗》云："夙兴夜寐，无忝尔所生。"

庶人章第六

用天之道，分地之利，谨身节用，以养父母，此庶人之孝也。故自天子至于庶人，孝无终始，而患不及者，未之有也。

三才章第七

曾子曰："甚哉，孝之大也！"子曰："夫孝，天之经也，地之义也，民之行也。天地之经，而民是则之。则天之明，因地之利，以顺天下。是以其教不肃而成，其政不严而治。先王见教之可以化民也，是故先之以博爱，而民莫遗其亲，陈之以德义，而民兴行。先之以敬让，而民不争；导之以礼乐，而民和睦；示之以好恶，而民知禁。《诗》云：‘赫赫师尹，民具尔瞻。’”

孝治章第八

子曰：“昔者明王之孝治天下也，不敢遗小国之臣，而况于公、侯、伯、子、男乎？故得万国之欢心，以事其先王。治国者，不敢侮于鳏寡，而况于士民乎？故得百姓之欢心，以事其先君。治家者，不敢失于臣妾，而况于妻子乎？故得人之欢心，以事其亲。夫然，故生则亲安之，祭则鬼享之。是以天下和平，灾害不生，祸乱不作。故明王之以孝治天下也如此。《诗》云：‘有觉德行，四国顺之。’”

圣治章第九

曾子曰：“敢问圣人之德，无以加于孝乎？”子曰：“天地之性，人为贵。人之行，莫大于孝。孝莫大于严父，严父莫大于配天，则周公其人也。昔者，周公郊祀后稷以配天，宗祀文王于明堂，以配上帝。是以四海之内，各以其职来祭。夫圣人之德，又何以加于孝乎？故亲生之膝下，以养父母日严。圣人因严以教敬，因亲以教爱。圣人之教，不肃而成，其政不严而治，其所因者本也。父子之道，天性也，君臣之义也。父母生之，续莫大焉。君亲临之，厚莫重焉。故不爱其亲而爱他人者，谓之悖德；不敬其亲而敬他人者，谓之悖礼。以顺则逆，民无则焉。不在于善，而皆在于凶德，虽得之，君子不贵也。君子则不然，言思可道，行思可乐，德义可尊，作事可法，容止可观，进退可度，以临其民。是以其民畏而爱之，则而象之。故能成其德教，而行其政令。《诗》云：‘淑人君子，其仪不忒。’”

纪孝行章第十

子曰：“孝子之事亲也，居则致其敬，养则致其乐，病则致其忧，丧则致其哀，祭则致其严。五者备矣，然后能事亲。事亲者，居上不骄，为下不乱，在丑不争。居上而骄则亡，为下而乱则刑，在丑而争则兵。三者不除，虽日用三牲之养，犹为不孝也。”

五刑章第十一

子曰：“五刑之属三千，而罪莫大于不孝。要君者无上，非圣者者无法，非孝者无亲。此大乱之道也。”

广要道章第十二

子曰：“教民亲爱，莫善于孝。教民礼顺，莫善于悌。移风易俗，莫善于乐。安上治民，莫善于礼。礼者，敬而已矣。故敬其父，则子悦；敬其兄，则弟悦；敬其君，则臣悦；敬一人，而千万人悦。所敬者寡，而悦者众，此之谓要道也。”

广至德章第十三

子曰："君子之教以孝也，非家至而日见之也。教以孝，所以敬天下之为人父者也。教以悌，所以敬天下之为人兄者也。教以臣，所以敬天下之为人君者也。《诗》云：'恺悌君子，民之父母。'非至德，其孰能顺民，如此其大者乎！"

广扬名章第十四

子曰："君子之事亲孝，故忠可移于君；事兄悌，故顺可移于长；居家理，故治可移于官。是以行成于内，而名立于后世矣。"

谏诤章第十五

曾子曰："若夫慈爱、恭敬、安亲、扬名，则闻命矣。敢问子从父之令，可谓孝乎？"子曰："是何言与，是何言与！昔者，天子有争臣七人，虽无道，不失其天下；诸侯有争臣五人，虽无道，不失其国；大夫有争臣三人，虽无道，不失其家；士有争友，则身不离于令名；父有争子，则身不陷于不义。故当不义，则子不可以不争于父；臣不可以不争于君；故当不义则争之。从父之令，又焉得为孝乎！"

感应章第十六

子曰："昔者，明王事父孝，故事天明；事母孝，故事地察；长幼顺，故上下治。天地明察，神明彰矣。故虽天子，必有尊也，言有父也；必有先也，言有兄也。宗庙致敬，不忘亲也；修身慎行，恐辱先也。宗庙致敬，鬼神著矣。孝悌之至，通于神明，光于四海，无所不通。《诗》云：‘自西自东，自南自北，无思不服。’”

事君章第十七

子曰：“君子之事上也，进思尽忠，退思补过，将顺其美，匡救其恶，故上下能相亲也。《诗》云：‘心乎爱矣，遐不谓矣，中心藏之，何日忘之？’”

丧亲章第十八

子曰：“孝子之丧亲也，哭不偯，礼无容，言不文，服美不安，闻乐不乐，食旨不甘，此哀戚之情也。三日而食，教民无以死伤生。毁不灭性，此圣人之政也。丧不过三年，示民有终也。为之棺、椁、衣、衾而举之；陈其簠、簋而哀戚之；擗踊哭泣，哀以送之；卜其宅兆，而安措之；为之宗庙，以鬼享之；春秋祭祀，以时思之。生事爱敬，死事哀戚，生民之本尽矣，死生之义备矣，孝子之事亲终矣。”

朱子治家格言

lí míng jí qǐ sǎ sǎo tíng chú yào nèi wài
黎明即起，洒扫庭除，要内外

zhěng jié jì hūn biàn xī guān suǒ mén hù bì qīn
整洁。既昏便息，关锁门户，必亲

zì jiǎn diǎn
自检点。

yì zhōu yí fàn dāng sī lái chù bù yì bàn
一粥一饭，当思来处不易。半

sī bàn lǚ héng niàn wù lì wéi jiān yí wèi yǔ
丝半缕，恒念物力维艰。宜未雨

ér chóu móu wú lín kě ér jué jǐng zì fèng bì
而绸缪，毋临渴而掘井。自奉必

xū jiǎn yuē yàn kè qiè wù liú lián
须俭约，宴客切勿留连。

qì jù zhì ér jié wǎ fǒu shèng jīn yù yǐn
器具质而洁，瓦缶胜金玉。饮

shí yuē ér jīng yuán shū yù zhēn xiū wù yíng huá
食约而精，园蔬愈珍馐。勿营华

wū wù móu liáng tián
屋，勿谋良田。

sān gū liù pó shí yín dào zhī méi bì měi
三姑六婆，实淫盗之媒。婢美

qiè jiāo fēi guī fáng zhī fú nú pú wù yòng jùn
妾娇，非闺房之福。奴仆勿用俊

měi qī qiè qiè jì yàn zhuāng zǔ zōng suī yuǎn jì
美，妻妾切忌艳妆。祖宗虽远，祭

sì bù kě bù chéng zǐ sūn suī yú jīng shū bù
祀不可不诚。子孙虽愚，经书不

kě bù dú
可不读。

jū shēn wù qī zhì pǔ jiào zǐ yào yǒu yì
居身务期质朴，教子要有义

fāng wù tān yì wài zhī cái wù yǐn guò liàng zhī
方。勿贪意外之财，勿饮过量之

jiǔ yǔ jiān tiāo mào yì wù zhàn pián yí jiàn pín
酒。与肩挑贸易，勿占便宜。见贫

kǔ qīn lín xū jiā wēn xù kè bó chéng jiā lǐ
苦亲邻，须加温恤。刻薄成家，理

wú jiǔ xiǎng lún cháng guāi chuǎn lì jiàn xiāo wáng
无久享。伦常乖舛，立见消亡。

xiōng dì shū zhí, xū fēn duō rùn guǎ. zhǎng yòu
兄弟叔侄，须分多润寡。长幼
nèi wài, yí cí yán fǎ sù. tīng fù yán, guāi gú
内外，宜辞严法肃。听妇言，乖骨
ròu, qǐ shì zhàng fu. zhòng zī cái, bó fù mǔ,
肉，岂是丈夫。重赀财，薄父母，
bù chéng rén zǐ.
不成人子。

jià nǚ zé jiā xù, wú suǒ zhòng pìn. qǔ xí
嫁女择佳婿，毋索重聘。娶媳
qiú shū nǚ, wú jì hòu lián. jiàn fù guì ér shēng
求淑女，毋计厚奁。见富贵而生
chán róng zhě, zuì kě chǐ. yù pín qióng ér zuò jiāo
谗容者，最可耻。遇贫穷而作骄
tài zhě, jiàn mò shèn.
态者，贱莫甚。

jū jiā jiè zhēng sòng, sòng zé zhōng xiōng. chǔ shì
居家戒争讼，讼则终凶。处世
jiè duō yán, yán duō bì shī. wú shì shì lì ér
戒多言，言多必失。毋恃势力而
líng bī gū guǎ, wù tān kǒu fù ér zì shā shēng qín.
凌逼孤寡，勿贪口腹而恣杀牲禽。

guāi pì zì shì huǐ wù bì duō tuí duò zì gān
乖僻自是，悔误必多。颓惰自甘，
jiā dào nán chéng xiá nì è shào jiǔ bì shòu qí
家道难成。狎昵恶少，久必受其
lěi qū zhì lǎo chéng jí zé kě xiāng yǐ qīng tīng
累。屈志老成，急则可相倚。轻听
fā yán ān zhī fēi rén zhī zèn sù dāng rěn nài
发言，安知非人之谮诉，当忍耐
sān sī yīn shì xiāng zhēng yān zhī fēi wǒ zhī bú
三思。因事相争，焉知非我之不
shì xū píng xīn zài xiǎng
是？须平心再想。

shī huì wú niàn shòu ēn mò wàng fán shì dāng
施惠无念，受恩莫忘。凡事当
liú yú dì dé yì bù yí zài wǎng rén yǒu xǐ
留余地，得意不宜再往。人有喜
qìng bù kě shēng dù jì xīn rén yǒu huò huàn bù
庆，不可生妒忌心。人有祸患，不
kě shēng xǐ xìng xīn shàn yù rén jiàn bú shì zhēn
可生喜幸心。善欲人见，不是真
shàn è kǒng rén zhī biàn shì dà è
善。恶恐人知，便是大恶。

jiàn sè ér qǐ yín xīn bào zài qī nǚ nì
见色而起淫心，报在妻女。匿
yuàn ér yòng àn jiàn huò yán zǐ sūn jiā mén hé
怨而用暗箭，祸延子孙。家门和
shùn suī yōng sūn bú jì yì yǒu yú huān guó kè
顺，虽饔飧不继，亦有余欢。国课
zǎo wán jí náng tuó wú yú zì dé zhì lè
早完，即囊橐无余，自得至乐。

dú shū zhì zài shèng xián fēi tú kē dì wéi
读书志在圣贤，非徒科第。为
guān xīn cún jūn guó qǐ jì shēn jiā shǒu fèn ān
官心存君国，岂计身家。守分安
mìng shùn shí tīng tiān wéi rén ruò cǐ shù hū jìn
命，顺时听天。为人若此，庶乎近
yān
焉。

常用礼仪

孔子曰："不学礼，无以立。"（《论语·季氏》）"恭俭庄敬，礼教也。"（《礼记·经解》）常用礼仪以长养恭敬心为体，以规范日常起居为用，从细节处入手，以反复实习为方，从而形成习惯，养成习性。故为人父师者须逐项为弟子明确讲析，并予以正确示范，并经常提醒和督促其落实。

一、晨省

1. 正点起床，向父母、长辈或老师请安问候。(如："妈妈，你昨晚睡得好吗?"）

2. 自己整理床铺。

3. 盥洗（刷牙、洗脸、梳头等)。

二、昏定

1. 向父母长辈或老师问候。(如："妈妈，我要睡觉了。你也休息吧!"）

2. 盥洗（刷牙、洗脚、洗袜子等)。

3. 铺放床被。

4. 将自己脱下的衣服依次叠放在身边。

5. 将寝不言（入睡前不再讲话）。

三、吃饭

1. 饭前布置桌椅，拿碗筷，端菜等。

2. 请父母、长辈或老师先入座。

3. 如有客人，宜暂不入席。

4. 集体排队进餐厅时，入座应左进右出（所有入座皆如是）。

5. 坐下时，宜剑指（中指和食指并拢）并放在桌上，平稳下坐；站立时亦如是。

6. 碗端应至平胸处，左手四指并拢，大拇指宜压在碗沿，掌心端平，名曰“龙含珠”；右手宜用三个手指拿筷子，位置宜为下七上三，名曰“凤点头”。

7. 碗须随身而动。

8. 吃饭时不东张西望，不张大嘴，不鼓腮，食勿响舌，咽勿鸣喉（吃饭时不发出响声）。

9. 食不语（不边吃饭边闲谈；如确需发言，应待口中饭菜咽下）。

10. 咳嗽时须转身向后。

11. 不掉饭菜，不小心掉下时须立即捡食。

12. 碗里有菜时则不再夹菜；每次夹菜应适量（不宜连续 2 次以上夹同一道菜）；夹菜时，不宜直接入口，应在饭碗边停一下再吃。

13. 不挑剔饭菜的好坏。

14. 分食剩饭剩菜。

15. 同桌时不另备美食独享。

16. 饭毕碗中须不留饭菜。

17. 出入座位时不碰响桌椅，问候后退席。（如：“我吃饱了，大家请慢用!”）

18. 饭后漱口。

19. 全体饭毕，撤桌椅、洗碗筷。

四、穿衣

1. 衣贵洁，不贵华（衣冠不求华美，唯须整洁）。

2. 脱换衣服、鞋袜后应立即整理（或清洗或放置于固定位置），勿乱顿，致污秽。

3. 侧身整理衣冠，不面向长者及大众。

五、行立坐卧

1. 立如松，坐如钟，行如风，卧如弓。

2. 站立时两脚自然站直，不跛脚，不靠倚。

3. 身体自然坐直，两脚打开与肩同宽，坐在凳椅三分之一或二分之一处。

4. 听讲或会客时应端坐或直立，不横肱（胳膊不趴在桌子上），不支颐（手不托腮），不伸足，不箕踞（两腿不敞开），不摇髀（腿脚不颤动），两条腿不交叉，不跷二郎腿。

5. 行走时步履要稳，目向前视。

6. 立不中门（不站门中），行不中道（靠道路边走，不与汽车争路）。

7. 拐角处、门限处需慢行（宽转弯，勿触棱）。

8. 睡眠时不仰不伏，宜右卧如弓。

六、洒扫

1. 早起洒扫庭院，整理居室，擦拭用具。

2. 垃圾应放到适宜的地方，不随手丢弃。

3. 物放有序，用毕归放原处。

七、应对

1. 家里来客人时，须问候；客人走时须送至门口，道别。

2. 为客人开门，请客人先行，入内安座。

3. 为客人端茶倒水，敬茶果时应先长后幼，先生后熟（先给不认识者，后给熟悉的人）。

4. 到别人家做客，将要进屋的时候，必须传出声音让人知道。（将上堂，声必扬）

5. 敲门时应轻敲门三下，未闻再敲，主人让入方入。

6. 到别人家做客时须有规矩，不高声喊叫，未经许可严禁动别人的东西。

7. 与他人谈话时，要目视对方，不顾盼左右。

8. 告退时后退三步，转身慢走。

9. 长者给予物品，需双手奉接。

10. 与长辈同行，应慢慢地跟在长者后面走，不要快步抢在长者前面走。

11. 长者来必起立，长者立则不可坐。

12. 路上遇师长，侧立路旁问候，长者先走几步后，再行离开。

13. 居家须“出必告，反必面”。

八、言语

1. 凡祈请别人帮助时出言要柔和谦让。（如：“请帮个忙可以吗？”“劳驾！”）

2. 凡接受别人礼物或别人帮助自己时须道谢。（如：“多谢！”“太感谢您了！”）

3. 凡冒犯他人后须立即致歉。（如：“对不起！”“真不好意思！”）

《弟子规》生活力行表

家人无时无刻不在关怀着我，而我为家人做了多少事？记得每天都要做以下这些事哟！

一、起床之后，不让父母着急

1. 闹钟一响，马上起床。（朝起早）

2. 自己叠被子。（置冠服　有定位　勿乱顿　致污秽）

3. 向长辈请早安。（晨则省　昏则定）

4. 主动刷牙洗脸。（晨必盥　兼漱口　便溺回　辄净手）

5. 自己穿好衣服。（冠必正　纽必结　袜与履　俱紧切）

6. 穿衣整洁大方即可，不挑名牌服装。（衣贵洁　不贵华　上循分　下称家）

7. 每天三餐吃饭时念“四感恩”：“感恩父母的养育之恩，感恩老师的辛勤教导，感恩同学的帮助和关心，感恩农夫的辛勤劳作和所有付出的人。”

二、上学，力行学文

1. 出门前向家人告别。（出必告　反必面）

2. 路上见到长辈或老师应主动问好。（路遇长　疾趋揖　长无言

退恭立）

3. 在校与同学团结友爱。（兄道友　弟道恭）

4. 上课认真听讲，不懂就问或先做笔记，等下课再请教老师。（读书法　有三到　心眼口　信皆要　心有疑　随札记　就人问　求确义）

5. 老师所教内容，如果其他同学问要耐心讲解；当别人会而我不会时，要虚心向他们请教学习。（己有能　勿自私　人所能　勿轻訾）

6. 说话要诚实谨慎，守信用。（凡出言　信为先　话说多　不如少　惟其是　勿佞巧）

7. 不给同学起外号或说不文明语言。（奸巧语　秽污词　市井气　切戒之）

8. 赞扬别人的优点，不评论宣扬别人的过错、缺点。（人有短　切莫揭　人有私　切莫说　道人善　即是善　扬人恶　即是恶　见人善　即思齐　见人恶　即内省）

9. 与同学互相勉励进步，同学、朋友有过错时，找时机悄悄地提醒。（善相劝　德皆建　过不规　道两亏　扬善于公堂　规过于私室）

10. 保护好自己的人身安全，不与同学打闹，不到危险的地方玩耍。（身有伤　贻亲忧　斗闹场　绝勿近　邪僻事　绝勿问）

三、放学回到家，把快乐带给家人

1. 一回到家，就跟家人问好。（出必告　反必面）

2. 将鞋子摆好，不乱丢。（置冠服　有定位　勿乱顿　致污秽）

3. 把书包放在固定位置，不乱丢。（置冠服　有定位　勿乱顿　致污秽）

4. 家有保姆、工人，不当少爷、小姐，自己的事情自己做。（将加

人　先问己　己不欲　即速已　待婢仆　身贵端　虽贵端　慈而宽）

5. 根据自己的能力，帮忙做家务。（亲所好　力为具）

四、做功课，不增加家人的负担

1. 不看电视，主动做功课，不用人催。（宽为限　紧用功　功夫到　滞塞通）

2. 不要一边做一边玩。（读书法　有三到　心眼口　信皆要）

3. 书放正，人坐正，字写正。（墨磨偏　心不端　字不敬　心先病）

4. 做完一件事，再做第二件事。（方读此　勿慕彼　此未终　彼勿起）

5. 做完功课，收拾好书籍文具。（列典籍　有定处　读看毕　还原处）

6. 整理自己的房间，使房间整洁、卫生。（房室清　墙壁净　几案洁　笔砚正）

7. 选择益智的、提升道德品质的课外书，不看打打杀杀、情情爱爱等各种污染心志的书和电视节目，电视节目尽量不看。（非圣书　屏勿视　蔽聪明　坏心志）

五、爸爸妈妈下班回家后，让他们欢喜

1. 拿拖鞋，倒茶水。（冬则温　夏则凊　亲所好　力为具）

2. 拿联络册给父母看，分享在校发生的事。（闻誉恐　闻过欣　唯德学　唯才艺　不如人　当自砺）

3. 父母打电话或处理事务时不要打扰。（人不闲　勿事搅　人不

安　勿话扰）

六、吃晚饭，全家和，乐融融

1. 帮忙拿碗筷、端菜。

2. 请长辈先用餐，自己再开动。（或饮食　或坐走　长者先　幼者后）

3. 不挑食，不多吃。（对饮食　勿拣择　食适可　勿过则）

4. 夹菜给长辈。（亲所好　力为具　亲所恶　谨为去）

5. 饭后帮忙整理。

七、玩游戏，兄弟和睦

1. 做完功课再玩游戏。（但力行　不学文　任己见　昧理真）

2. 跟兄弟姐妹一起玩。（兄道友　弟道恭　兄弟睦　孝在中）

3. 不争吵。（财物轻　怨何生　言语忍　忿自泯）

4. 玩别人的玩具要征得同意。（用人物　须明求　倘不问　即为偷）

5. 游戏后主动收拾。（置冠服　有定位　勿乱顿　致污秽）

八、睡觉前，让父母放心

1. 睡前先将书包整理好，再上床。（虽有急　卷束齐　有缺损　就补之）

2. 幼儿及小学生九点半以前要上床睡觉，初中学生也要尽早休息。睡前向家人道晚安。（晨则省　昏则定）

《弟子规》113件事

总则	序号	事件	备注
孝（入则孝）24则	1	父母呼　应勿缓	
	2	父母命　行勿懒	
	3	父母教　须敬听	
	4	父母责　须顺承	
	5	冬则温	
	6	夏则清	
	7	晨则省	
	8	昏则定	
	9	出必告	
	10	反必面	
	11	居有常	
	12	业无变	
	13	事虽小　勿擅为　苟擅为　子道亏	
	14	物虽小　勿私藏　苟私藏　亲心伤	
	15	亲所好　力为具	
	16	亲所恶　谨为去	
	17	身有伤　贻亲忧	

续表

总则	序号	事件	备注
孝（入则孝）24则	18	德有伤　贻亲羞	
	19	亲爱我　孝何难	
	20	亲憎我　孝方贤	
	21	亲有过　谏使更　怡吾色　柔吾声 谏不入　悦复谏　号泣随　挞无怨	
	22	亲有疾　药先尝　昼夜侍　不离床	
	23	丧三年　常悲咽　居处变　酒肉绝	
	24	丧尽礼　祭尽诚　事死者　如事生	
悌（出则悌）13则	1	兄道友　弟道恭　兄弟睦　孝在中	
	2	财物轻　怨何生	
	3	言语忍　忿自泯	
	4	或饮食　或坐走　长者先　幼者后	
	5	长呼人　即代叫　人不在　己即到	
	6	称尊长　勿呼名	
	7	对尊长　勿见能	
	8	路遇长　疾趋揖　长无言　退恭立	
	9	骑下马　乘下车　过犹待　百步余	
	10	长者立　幼勿坐　长者坐　命乃坐	
	11	尊长前　声要低　低不闻　却非宜	
	12	进必趋　退必迟　问起对　视勿移	
	13	事诸父　如事父　事诸兄　如事兄	

续表

总则	序号	事件	备注
谨 24 则	1	朝起早 夜眠迟 老易至 惜此时	
	2	晨必盥 兼漱口	
	3	便溺回 辄净手	
	4	冠必正 纽必结 袜与履 俱紧切	
	5	置冠服 有定位 勿乱顿 致污秽	
	6	衣贵洁 不贵华 上循分 下称家	
	7	对饮食 勿拣择 食适可 勿过则	
	8	年方少 勿饮酒 饮酒醉 最为丑	
	9	步从容 立端正	
	10	揖深圆 拜恭敬	
	11	勿践阈 勿跛倚 勿箕踞 勿摇髀	
	12	缓揭帘 勿有声	
	13	宽转弯 勿触棱	
	14	执虚器 如执盈	
	15	入虚室 如有人	
	16	事勿忙 忙多错	
	17	勿畏难 勿轻略	
	18	斗闹场 绝勿近	
	19	邪僻事 绝勿问	
	20	将入门 问孰存	

续表

总则	序号	事件	备注
谨24则	21	将上堂　声必扬	
	22	人问谁　对以名　吾与我　不分明	
	23	用人物　须明求　倘不问　即为偷	
	24	借人物　及时还　后有急　借不难	
信15则	1	凡出言　信为先　诈与妄　奚可焉	
	2	话说多　不如少　惟其是　勿佞巧	
	3	奸巧语　秽污词　市井气　切戒之	
	4	见未真　勿轻言　知未的　勿轻传	
	5	事非宜　勿轻诺　苟轻诺　进退错	
	6	凡道字　重且舒　勿急疾　勿模糊	
	7	彼说长　此说短　不关己　莫闲管	
	8	见人善　即思齐　纵去远　以渐跻	
	9	见人恶　即内省　有则改　无加警	
	10	唯德学　唯才艺　不如人　当自砺	
	11	若衣服　若饮食　不如人　勿生戚	
	12	闻过怒　闻誉乐　损友来　益友却	
	13	闻誉恐　闻过欣　直谅士　渐相亲	
	14	无心非　名为错　有心非　名为恶	
	15	过能改　归于无　倘掩饰　增一辜	

续表

总则	序号	事件	备注
泛爱众 21则	1	凡是人　皆须爱　天同覆　地同载	
	2	行高者　名自高　人所重　非貌高	
	3	才大者　望自大　人所服　非言大	
	4	己有能　勿自私　人所能　勿轻訾	
	5	勿谄富	
	6	勿骄贫	
	7	勿厌故	
	8	勿喜新	
	9	人不闲　勿事搅	
	10	人不安　勿话扰	
	11	人有短　切莫揭	
	12	人有私　切莫说	
	13	道人善　即是善　人知之　愈思勉	
	14	扬人恶　即是恶　疾之甚　祸且作	
	15	善相劝　德皆建	
	16	过不规　道两亏	
	17	凡取与　贵分晓　与宜多　取宜少	
	18	将加人　先问己　己不欲　即速已	
	19	恩欲报　怨欲忘　报怨短　报恩长	
	20	待婢仆　身贵端　虽贵端　慈而宽	
	21	势服人　心不然　理服人　方无言	

续表

总则	序号	事件	备注
亲仁4则	1	同是人　类不齐　流俗众　仁者稀	
	2	果仁者　人多畏　言不讳　色不媚	
	3	能亲仁　无限好　德日进　过日少	
	4	不亲仁　无限害　小人进　百事坏	
学文12则	1	不力行　但学文　长浮华　成何人	
	2	但力行　不学文　任己见　昧理真	
	3	读书法　有三到　心眼口　信皆要	
	4	方读此　勿慕彼　此未终　彼勿起	
	5	宽为限　紧用功　工夫到　滞塞通	
	6	心有疑　随札记　就人问　求确义	
	7	房室清　墙壁净　几案洁　笔砚正	
	8	墨磨偏　心不端　字不敬　心先病	
	9	列典籍　有定处　读看毕　还原处	
	10	虽有急　卷束齐	
	11	有缺损　就补之	
	12	非圣书　屏勿视　蔽聪明　坏心志	
结劝		勿自暴　勿自弃　圣与贤　可驯致	

孝 亲 颂

当我赤裸裸来到这个世界！体重不到十斤，身长仅有一尺！不会说话，不会走路，衣食住行，大小二便，都没办法自己料理，在襁褓中，只能用哭泣来表达我的心意。这时，我的父母用无限的爱心、无限的辛劳、无限的心血、无限的期盼，一切的一切，无限的无限，抚养我，教育我，使我健康，使我幸福。我的一切，都是父母的恩赐！看羊儿跪下吃奶，看乌鸦反哺父母；孝心是一切动物天性的光明，孝心是宇宙人间永恒的真理；父母给我的慈恩，远比天高，更比海深。因此发愿：我_______永远真心地孝顺父母。请天地万物为我作证明！（念三遍）

尊 师 颂

父母生我，给我色身；老师教我，长我慧命！使我由蒙昧见到光明，使我由无知获得知识，使我由愚痴启发智慧，使我由优秀更加卓越！老鼠永远只会在地上打洞，因为它们没有老师！小鸟永远只会在树上做窝，因为它们没有老师！老师是我们文化的传人；老师是我们慧命的航标！因为有老师，人类文化才有进展！因为有老师，人类前途才有光明！因为有老师，人类尊严才能建立！因为有老师，人类光明才能发扬！因此发愿：我________永远真心地尊敬老师，永远真心感恩老师。

推荐歌曲

义勇军进行曲

田　汉词
聂耳曲

1=G 2/4

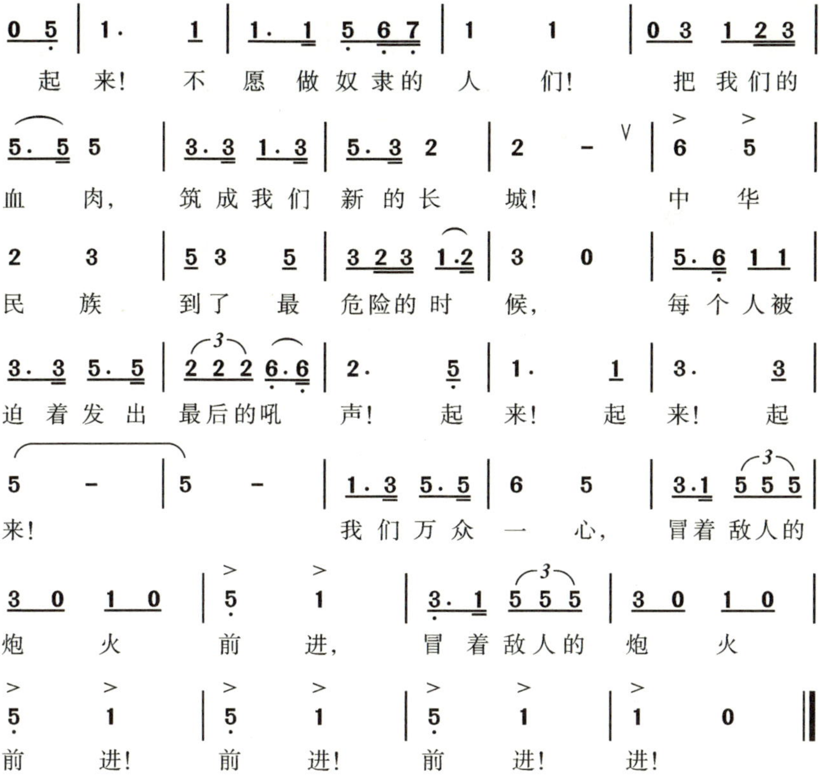

没有共产党就没有新中国

1=A $\frac{2}{4}$

曹火星 词曲

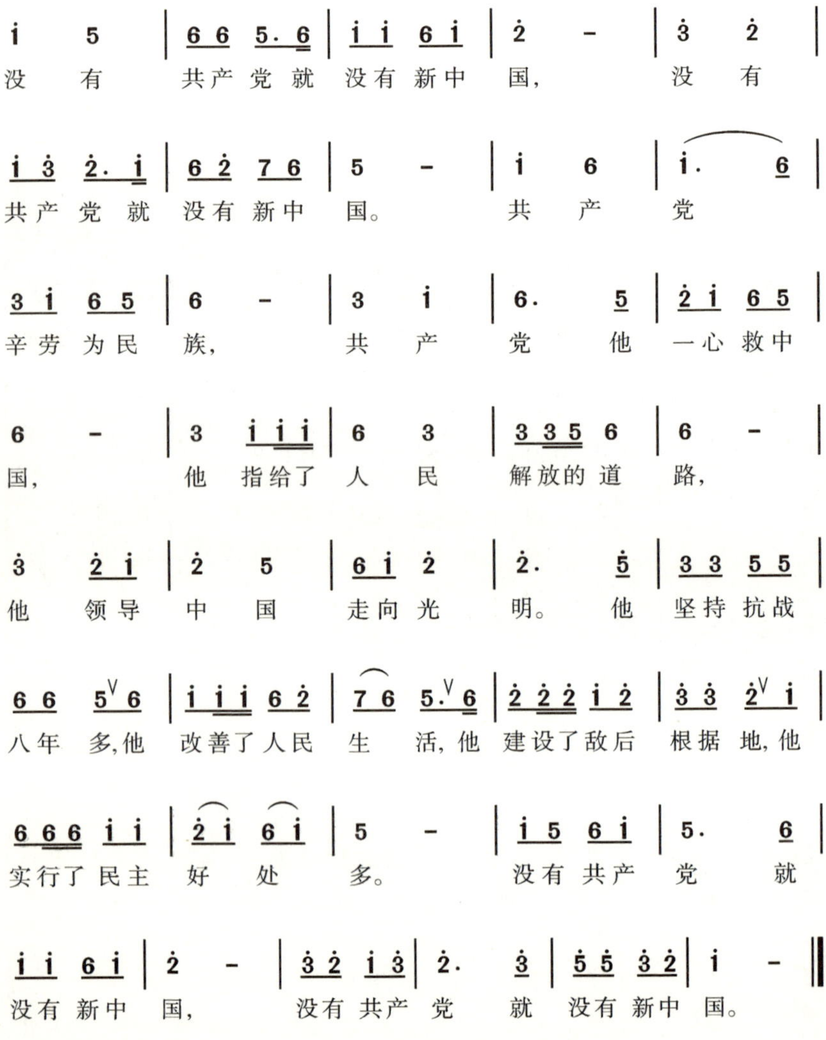

歌唱祖国

王 莘词曲

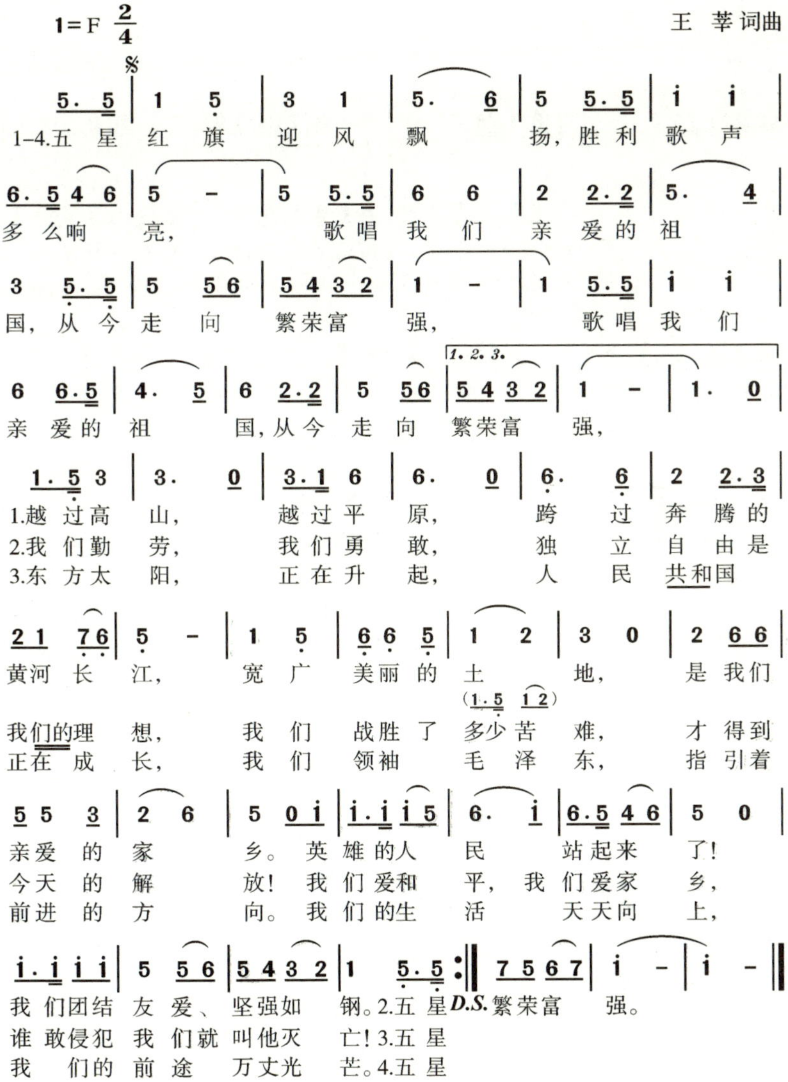
1=F 2/4
1–4.五星红旗迎风飘扬，胜利歌声多么响亮，歌唱我们亲爱的祖国，从今走向繁荣富强，歌唱我们亲爱的祖国，从今走向繁荣富强，
1.越过高山，越过平原，跨过奔腾的黄河长江，宽广美丽的土地，是我们亲爱的家乡。英雄的人民站起来了！我们团结友爱、坚强如钢。2.五星
2.我们勤劳，我们勇敢，独立自由是我们的理想，我们战胜了多少苦难，才得到今天的解放！我们爱和平，我们爱家乡，谁敢侵犯我们就叫他灭亡！3.五星
3.东方太阳，正在升起，人民共和国正在成长，我们领袖毛泽东，指引着前进的方向。我们的生活天天向上，我们的前途万丈光芒。4.五星
1.2.3.
D.S.繁荣富强。

儿行千里

1=#F $\frac{4}{4}$

♩=63

车 行词
戚建波 曲

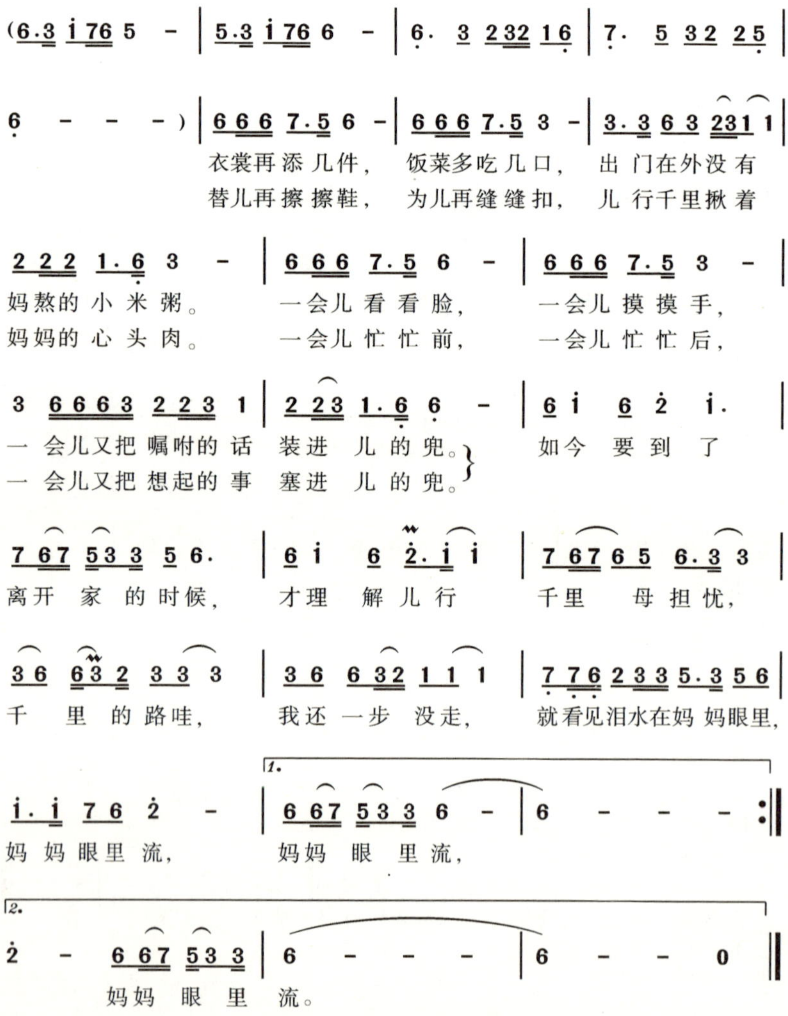

父　　亲

（电视剧《咱爸咱妈》片头曲）

赵韫颖 词
郭晓天 曲

1=G $\frac{2}{4}$

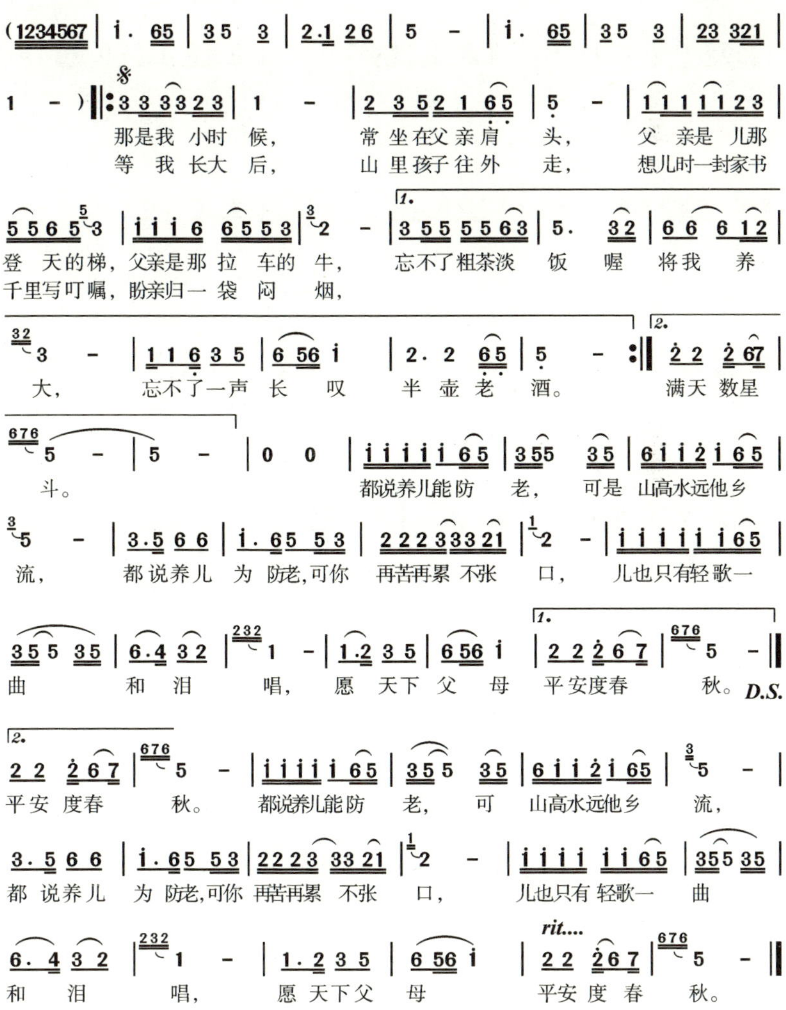

母亲

1=E $\frac{4}{4}$

张俊以 车行 词
戚建波 曲

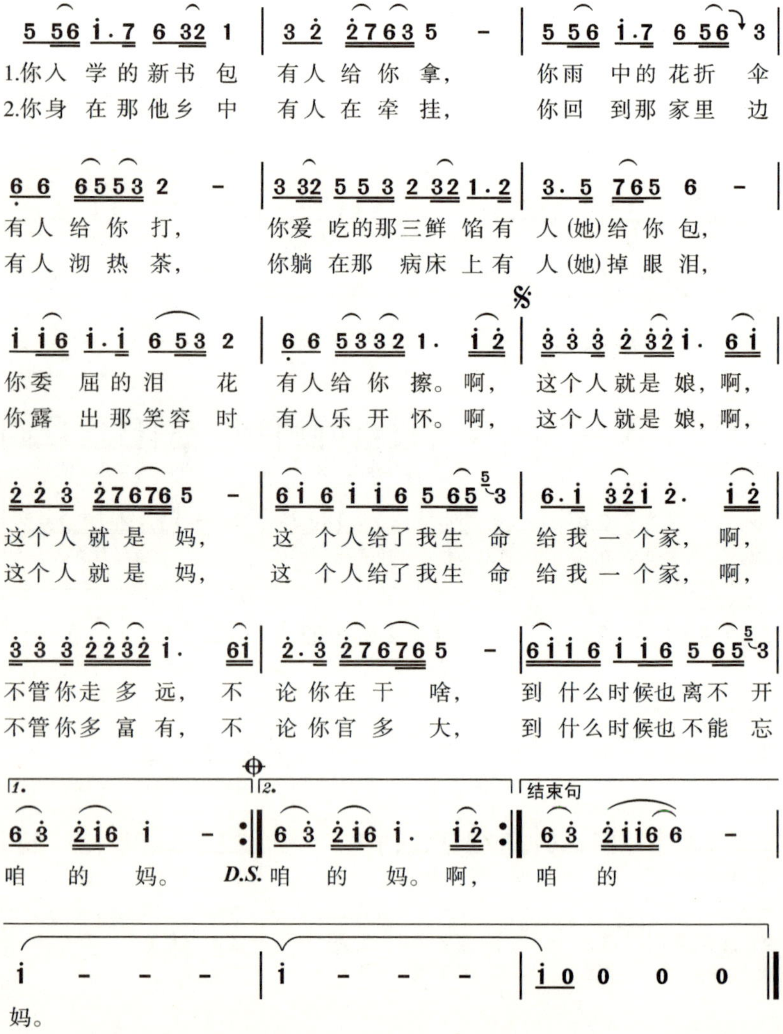

习大大，人人夸

男声独唱

1=G 4/4

♩=120 赞美、颂扬地

众 评词
博 爱曲

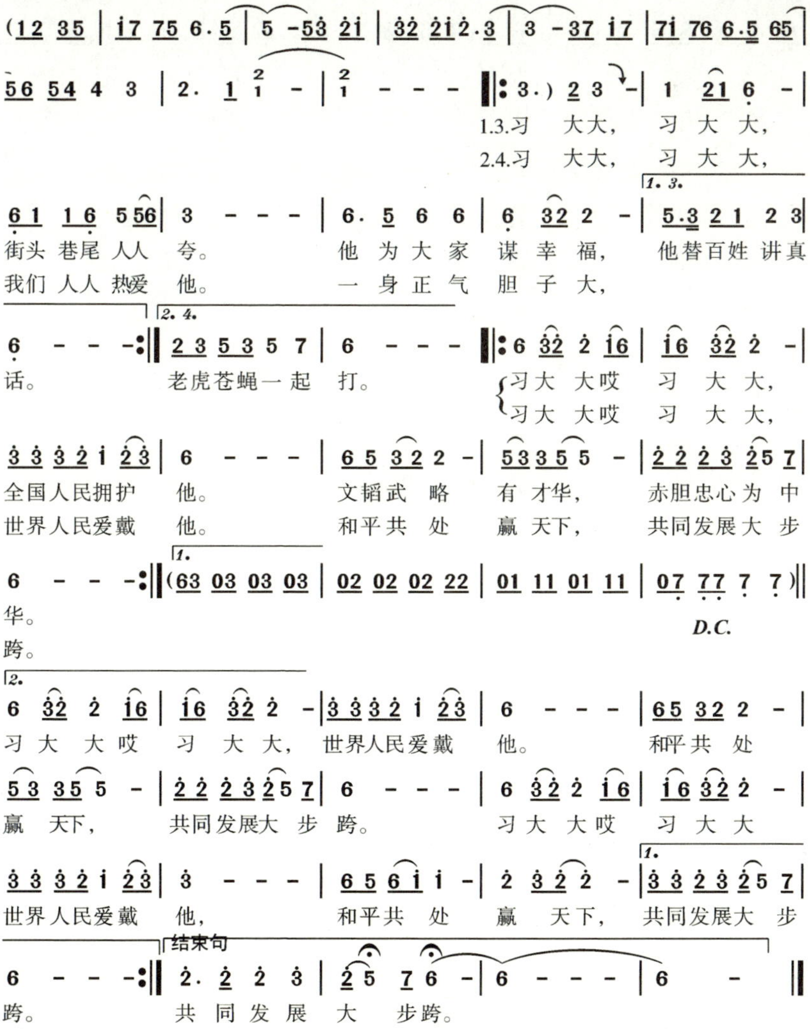

不为自己最快乐

1=G 或 A $\frac{4}{4}$

顾凯 词/曲/唱

原谅一切

1=E或F $\frac{4}{4}$

顾凯 词/曲/唱

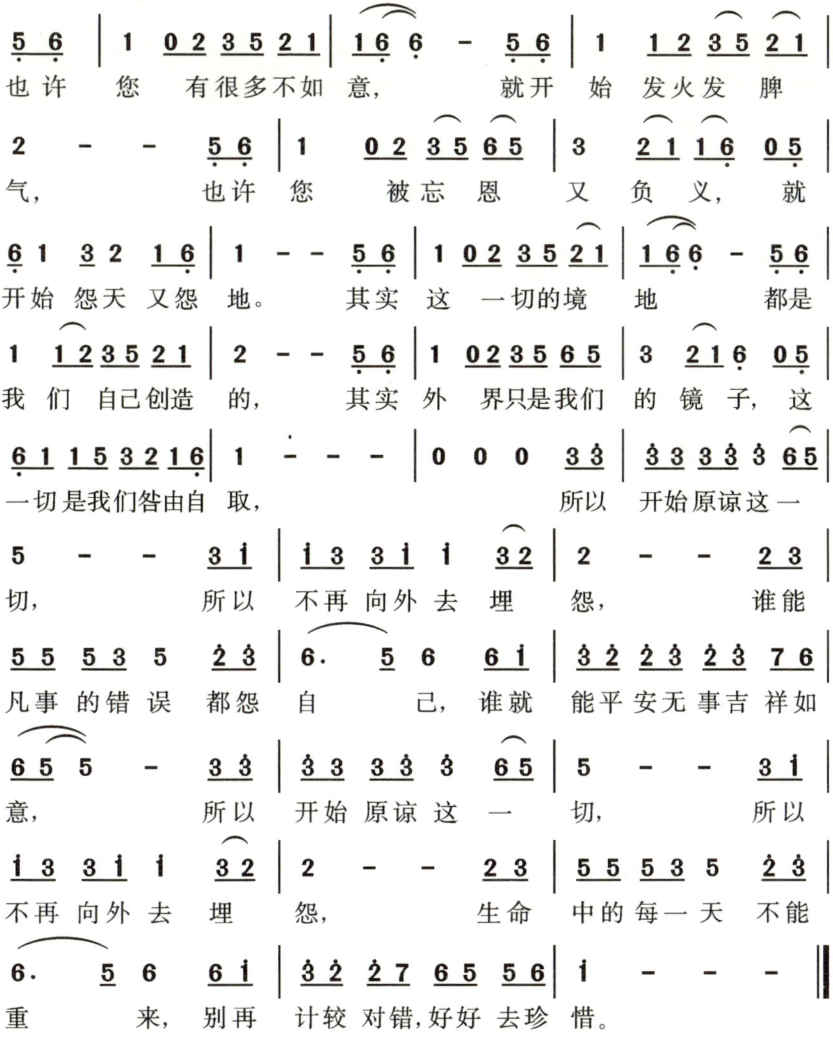

一家人

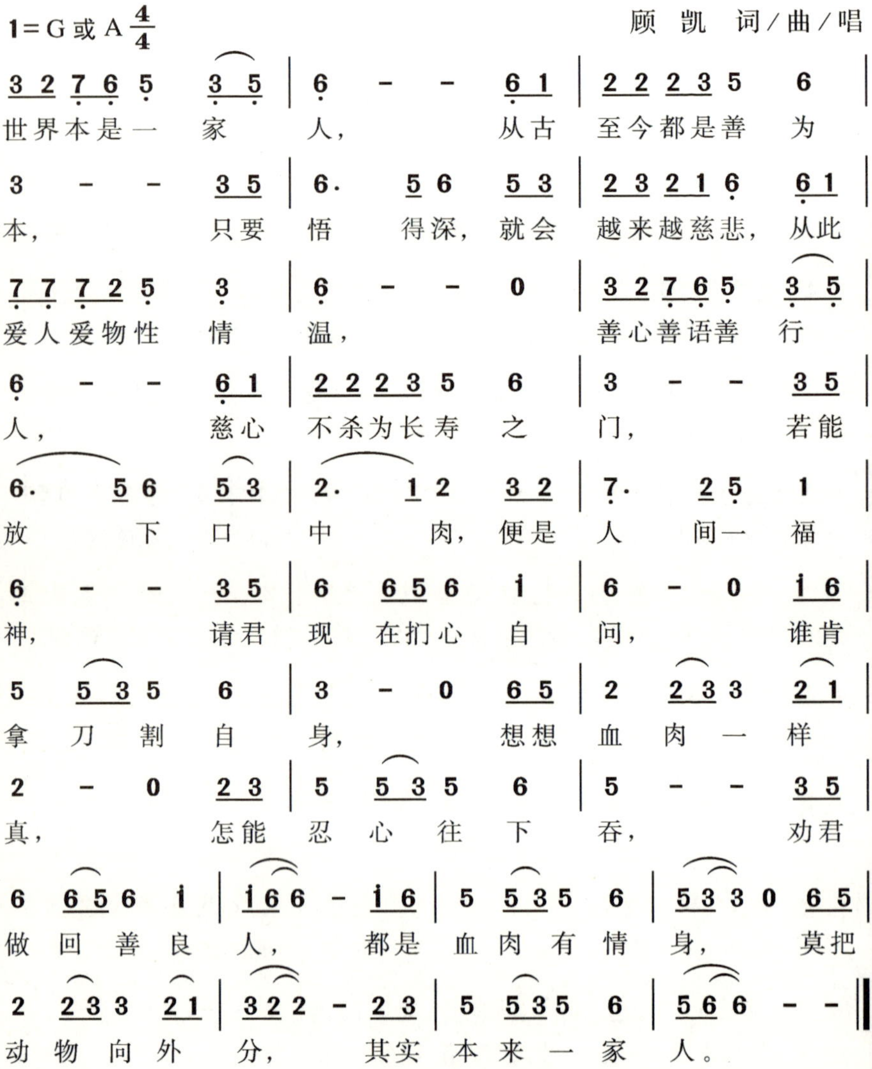
1=G或A 4/4
顾 凯 词/曲/唱
世界本是一家人，从古至今都是善为
本，只要悟得深，就会越来越慈悲，从此
爱人爱物性情温，善心善语善行
人，慈心不杀为长寿之门，若能
放下口中肉，便是人间一福
神，请君现在扪心自问，谁肯
拿刀割自身，想想血肉一样
真，怎能忍心往下吞，劝君
做回善良人，都是血肉有情身，莫把
动物向外分，其实本来一家人。

伟大的志愿者

1=C 4/4　　　　顾凯　词/曲/唱

爱源在我心

1=G $\frac{4}{4}$

顾 凯 词/曲/唱

饭前感恩词

饭食之德
一粥一饭　当思来处不易
半丝半缕　恒念物力维艰
自奉必须简约
宴客切勿流连
饮食约而精
园蔬愈珍馐
勿贪口腹而恣杀生禽
萝卜白菜保平安人生
或饮食　或坐走
长者先　幼者后
对饮食　勿拣择
食适可　勿过则
若衣服　若饮食
不如人　勿生戚
厨中有剩饭　路上有饥人
感恩天地滋养万物　感恩国家培养护佑
感恩父母养育之恩　感恩老师辛勤教导
感恩同学关心帮助　感恩农夫辛勤劳作
感恩大众信任支持